Brennpunkt Schule

Herausgegeben von

Fred Berger
Wilfried Schubarth
Sebastian Wachs

Kurt Edler

Islamismus als pädagogische Herausforderung

2. Auflage

Verlag W. Kohlhammer

Dieses Werk einschließlich aller seiner Teile ist urheberrechtlich geschützt. Jede Verwendung außerhalb der engen Grenzen des Urheberrechts ist ohne Zustimmung des Verlags unzulässig und strafbar. Das gilt insbesondere für Vervielfältigungen, Übersetzungen, Mikroverfilmungen und für die Einspeicherung und Verarbeitung in elektronischen Systemen.

2. Auflage 2018

Alle Rechte vorbehalten
© W. Kohlhammer GmbH, Stuttgart
Gesamtherstellung: W. Kohlhammer GmbH, Stuttgart

Print:
ISBN 978-3-17-034577-5

E-Book-Formate:
pdf: ISBN 978-3-17-034578-2
epub: ISBN 978-3-17-034579-9
mobi: ISBN 978-3-17-034580-5

Für den Inhalt abgedruckter oder verlinkter Websites ist ausschließlich der jeweilige Betreiber verantwortlich. Die W. Kohlhammer GmbH hat keinen Einfluss auf die verknüpften Seiten und übernimmt hierfür keinerlei Haftung.

Vorwort

Menschenrechts- und Demokratiefeindlichkeit zeigt sich im 21. Jahrhundert in neuen Erscheinungsformen. Neue Ideologien treten mit alten in Wettstreit und gewinnen an Einfluss. Der Umbruch der Weltordnung seit den 1980er Jahren lässt neue Deutungen zu und damit auch neue (oder renovierte) politische Mythen und totalitäre Entwürfe. Alle Strömungen und Bewegungen, die zum Ziel haben, die demokratisch verfassten Ordnungen und die freiheitlichen Lebensformen der offenen Gesellschaft zu beseitigen, sind auf eines aus: Sie wollen die junge Generation für sich gewinnen. So kommen die globalen Konflikte dort an, wo diese Generation lernt, kommuniziert und lebt: in Schulen und Jugendeinrichtungen, in Gemeinden und Verbänden und ganz besonders in den sozialen Medien und im Internet.

Doch auch mehr als ein Jahrzehnt nach den Anschlägen vom 11. September 2001 verfügen wir erstaunlicherweise kaum über Erkenntnisse, wie sich diese Einflussnahme im Klassenzimmer, im Fußballclub oder im Facebook-Forum vollzieht. Kaum ein Schuloder Sozialministerium in Deutschland macht sich bisher darüber schlau. Entsprechend verunsichert wirkt die pädagogische Praxis.

Der vorliegende Beitrag der Reihe Brennpunkt Schule will eine Lücke füllen, die sich für die Demokratie als fatal erweisen könnte. Anspruch ist dabei nicht, einen weiteren Beitrag zur theoretischen Diskussion über Islamismus, Salafismus oder Dschihadismus zu liefern. Aufgabe des vorliegenden Bandes soll vielmehr sein, in griffiger Form Erkenntnisse und Reflexionen, persönliche Erfahrungen und praktische Tipps zu vermitteln – für alle, die mit den pädagogischen Herausforderungen im Alltag konfrontiert sind.

Alle in diesem Band verwendeten Beispiele – ob Äußerungen, Situationen oder Biographien – sind authentisch. Sie stammen überwiegend aus Hamburg. Seit langem in Schule und Politik mit

Extremismusprävention und Demokratiepädagogik befasst, stellt der Autor Erfahrungen und Erkenntnisse aus Schule, Sozialraum, Lehrerbildung und polizeilicher Aufklärung zur Verfügung. Das wäre nicht möglich gewesen ohne eine fruchtbare Zusammenarbeit mit vielen Kolleginnen und Kollegen aus Schulleitung und Schulaufsicht, Religionspädagogik, interkultureller Bildung, Sozialpädagogik, Gewaltprävention, Verfassungsschutz und polizeilichem Staatsschutz. Dafür sei ihnen allen an dieser Stelle herzlich gedankt – verbunden mit der Bitte um Verständnis, dass auf die namentliche Hervorhebung Einzelner verzichtet wird.

Noch eine Bemerkung. Unser Thema ist verteufelt ernst. Ohne Humor lässt es sich gar nicht aushalten. Verschiedene Stellen dieses Bändchens sind mit einem unsichtbaren Augenzwinkern verbunden. Die Leserin, der Leser möge sie selber herausfinden. Vergessen wir nicht, dass Humorlosigkeit ein sicheres Kennzeichen von politischem und religiösem Fanatismus ist. Prinzipienfestigkeit in der Auseinandersetzung mit diesem schließt nicht aus, dass wir selbst heiter und gelassen bleiben.

Inhalt

Vorwort   5

Einleitung   10

1   Islamismus: Ursprung und Grundmuster einer Ideologie   13

2   Dschihadismus als jugendlicher Lebensentwurf   22

3   Religiös gefärbte Konfliktlagen im pädagogischen Alltag   34

4   Pädagogische Herausforderungen   43

5   Grundrechtsklarheit als Kern der Prävention   55

6   Die Verantwortung der Institution   61

Inhalt

7 Streitbare Demokratiepädagogik 66

8 Häufig gestellte Fragen – und ein Versuch, sie zu beantworten 72

Literatur 77

Materialien 83

I Gesprächserinnerungen 85

Der Radikale und der Hodscha 85 | Sinnsuche auf dem Steindamm 89 | Nihal ist nicht mehr hier 92 | Eine Kämpferin 94 | Humor und Zivilität 96

II Fallbeispiele 98

Religiöse Kleidung im Sportunterricht 98 | Gesichtsverhüllung 99 | Musizieren und Tanzen in der Grundschule 99 | Muslime und Muslime 100 | Die Hölle 101 | Esra ist immer so still 101 | Du als Türke 102 | Was wir essen 103 | Meinungsäußerung oder Propaganda? 103 | Tragisches Ende 104 | Der junge Krieger 105 | Emanzipationshindernis 106

| III | **Werkzeuge** | **107** |

Umgang mit Islamismus und konfrontativer Religionsbekundung   107 | Strategiebausteine für Schulleitungen   110 | Problemstellungen und Lösungswege   112

Einleitung

»Ich brauche keine Freiheit«, sagt eine Sechzehnjährige zu ihrer Lehrerin, »ich habe meinen Glauben.« Der Lehrerin verschlägt es die Sprache. Kein Wunder – sind doch Generationen von Jugendlichen an ihr vorbeigezogen, denen die persönliche Freiheit, oft bis zum Exzess gesteigert, wichtiger war als alles andere. Ist die Lehrerin gar selber in Bewegungen oder Projekten engagiert, die Freiheit und Emanzipation ganz obenan stellen, sieht sie mit der Äußerung das ihr Teuerste entwertet und bedroht. Muss sie etwa wieder bei null anfangen?

Ja, sie muss. Und ihre Schule muss es auch. Denn nicht nur in Schule und Betrieb, sondern auch in Familie, Kita und Jugendtreff steht die Pädagogik vor einer neuen, einer epochalen Herausforderung. Ursache ist eine politische Ideologie und Bewegung, die unter einem religiösen Etikett daherkommt und bei jungen Menschen auch in den westlichen Demokratien immer mehr an Einfluss gewinnt. Mit der Ausrufung eines »Islamischen Staats« (IS) in Teilen Syriens und Iraks hat dieses Phänomen nicht nur an weltpolitischer und militärischer Bedeutung gewonnen. Es kann seiner Ideologie nicht nur durch einen realen Herrschaftsraum, der einer internationalen Militärkoalition unter UN-Mandat trotzt, zur Geltung verhelfen. Sondern es hat auch die Mittel und Wege zur Verfügung, um seine Propaganda zu verbreiten und zum Kampf aufzurufen. Es ist in der Geschichte die erste internationale Bewegung gegen Demokratie und Menschenrechte, die ihre Botschaften fast ausschließlich über die digitalen Medien verbreitet und sich über diese organisiert und verstärkt. Auch in den Ländern der EU ist die Rekrutierung für den »Dschihad« in vollem Gange. Fast jeder zehnte Kämpfer des IS, so schätzen Geheimdienste, hat einen westlichen Pass.

Es geht jedoch nicht nur um Terrorismus und bewaffneten Kampf, sondern auch um die verschiedensten Erscheinungsformen von religiösem Radikalismus. Auch wenn der vorliegende Band sich auf die radikale Inanspruchnahme des Islam konzentriert, sollen Begleiterscheinungen und Folgeprobleme mit erörtert werden. Dazu gehören die Spuren einer sich ausbreitenden Islamfeindlichkeit im Erziehungswesen. Teilweise geht es aber auch – vorpolitisch – um eine konfrontative Religionsbekundung und einen Trend zur religiösen und kulturellen Intoleranz, der sich zuweilen auch noch mit ethnischen und nationalen Ressentiments ungut verbindet.

Eine demokratische Pädagogik muss *alle* diese Herausforderungen annehmen und darf keine von ihnen aus einer falsch verstandenen Parteilichkeit heraus ausblenden. Die folgenden Kapitel sollen dazu beitragen. In *Kapitel 1* setzen wir uns mit der islamistischen Ideologie und ihren Grundmustern auseinander und versuchen eine begriffliche Abgrenzung. Dazu gibt es einen kurzen Exkurs zum Ideologievergleich mit dem Rechtsextremismus. In *Kapitel 2* wird am Propaganda-Beispiel illustriert, welche Botschaften der Islamismus unter Jugendlichen verbreitet, und darüber nachgedacht, warum sie einen Reiz entfalten können. Ein kurzer Blick auf die Eigenheiten politischer Radikalisierung bei Jugendlichen und auf das typische Gefährdungsprofil folgt darauf. Beispiele für Radikalisierungsbiographien stehen im Materialteil zur Verfügung. *Kapitel 3* lenkt den Blick auf Verhaltensmuster bei religiös gefärbten Konfliktlagen im pädagogischen Alltag und bietet Hilfe und Werkzeuge für den Umgang mit dem Verhalten sowohl der Lehrkraft bzw. Erziehungsperson als auch der pädagogischen Einrichtung an. Danach führt *Kapitel 4* in die Kernproblematik der pädagogischen und schulischen Reaktionen ein und veranschaulicht anhand von real beobachteten Situationen das ganze Ausmaß der pädagogischen Herausforderungen. Es dient der kritischen Selbstprüfung pädagogischer Profis in der jeweiligen Konfliktsituation. In *Kapitel 5* geht es um die Grundrechtsklarheit pädagogischen Handelns und um die Fähigkeit zur Verfassungsgüterabwägung, aber auch darum, Grenzen des Lehrerhandelns zu definieren und Schülerrechte auch bei schwierigen Zuspitzungen zu respektieren. *Kapitel 6* nimmt die Schule als Ganzes in die Pflicht und betrachtet die systembedingten Tücken, die sich beim Umgang mit der Herausforderung durch neuartige politische Phänomene offenbaren. *Kapitel 7* skizziert Handlungsmöglichkeiten einer präventionsbewussten Schulgemeinschaft. Es baut die Brücke von der (abwehrenden) Prävention zur (positiven) Demokratiepädagogik. Abschließend wendet sich *Kapitel 8* einigen häufig gestellten Fragen zu.

Unter »Materialien« finden sich Werkzeuge für die demokratiepädagogische Prävention, Fallbeispiele für das Training und Gesprächserinnerungen, die als kleine Erzählungen im kollegialen Team, in der Aus- und Fortbildung und in Präventionsprojekten mit Jugendlichen einsetzbar sind.

# 1

Islamismus: Ursprung und Grundmuster einer Ideologie

Islamismus ist eine totalitäre politische Ideologie, die sich einer religiösen Sprache und Rhetorik bedient und den Anspruch erhebt, die einzig konsequente Auslegung des islamischen Glaubens darzustellen (Hirschmann 2006). Er entwickelt sich Anfang des 20. Jahrhunderts im Nahen Osten und Nordafrika zu einer wirkmächtigen politischen Bewegung. Als einer seiner wichtigsten Vordenker gilt der ägyptische Intellektuelle und Theoretiker Sayyid Qutb, der Anfang der 1950er Jahre der Muslimbrüderschaft beitrat und unter Nassers Herrschaft 1966 hingerichtet wurde. Von ihm stammt eines der wichtigsten Werke des Islamismus, die »Zeichen auf dem Weg« (Qutb o. J.). Diese Schrift beginnt mit einer radikalen Abrechnung mit dem Westen und dem Kapitalismus, lässt darauf jedoch auch eine Abrechnung mit dem Sozialismus des Ostblocks folgen und verschreibt sich dann einem dritten Weg: dem Weg zum Gottesstaat. Beeinflusst von den Ideen des arabischen Nationalismus liest sich das Traktat wie ein Kampfaufruf gegen die Unterdrückung der Muslime durch die Herrschaft der Ungläubigen. Dazu rechnet Qutb nicht nur die modernen Systeme, sondern auch die traditionellen arabischen Regime.

Der Islamismus geht davon aus, dass der Islam die Lösung für alle Probleme der Gegenwart enthält. Er ist politisch und dem Diesseits zugewandt, also keine Aufforderung zum Rückzug in die reine Frömmigkeit. Dem Islamismus geht es um politische Herrschaft unter Berufung auf die Religion. In den 1962 veröffentlichten »Zeichen auf dem Weg« heißt es dazu:

»Die Zeit ist gekommen, dass die muslimische Gemeinschaft die Aufgabe, die Gott ihr für die Menschheit auferlegt hat, erfüllt. (…) Wenn der Islam die Rolle des Führers der Menschheit wieder spielen soll, dann ist es notwendig, dass die muslimische Gemeinschaft in ihrer ursprünglichen Form wieder hergestellt wird.« (Sayyid Qutb: Milestones. Dar al-Ilm, Damascus, Syria, p. 9; eigene Übersetzung nach der englischsprachigen Ausgabe)

Für Qutb geht es um die Errichtung einer Herrschaftsordnung im Namen der Religion des Islam. Ihr Geltungsanspruch legitimiert sich aus göttlicher Offenbarung und ist durch kein Naturrecht und keinen Religionspluralismus begrenzt. Die ganze Menschheit zu führen, heißt, eine Weltherrschaft zu errichten. Nach Qutb kann der Islam dies allerdings nur, wenn er *back to the roots* geht. Nur dann kann er die vom Islamismus beklagte »Demütigung der Muslime« durch ihre Feinde beenden. Nur dann kann er zu neuem Glanz und Ruhm gelangen.

Hier ist der Anknüpfungspunkt für das, was heute als sog. Salafismus Faszination ausübt: die Vorstellung, zum Leben der Altvorderen (arab. *salaf*) zu Mohammeds Zeit zurückzukehren. Inzwischen kursieren jedoch besonders in der deutschen Fachöffentlichkeit so viele Begriffsvarianten – bis hin zum »salafistischen

Dschihadismus« –, dass die begriffliche Grenze zum Islamismus immer mehr verschwimmt. Einen vorzüglichen Überblick über die Genese des Begriffs Salafismus bieten die Beiträge im Theorieteil des Sammelbands von B. T. Said und H. Fouad (Said/Fouad 2014). Die islamische *Salafiyya*, eine fundamentalistische Rückbesinnung auf den Kern der Religion, kann politisch völlig unschuldig sein (Nedza 2014). Wir sollten sie, auch in der modernen, politisierten Variante, nicht in die Nähe radikaler und menschenverachtender Vorstellungen rücken, die – wie der Islamismus von IS, al-Qaida und anderen Formationen – auf die Errichtung einer totalen Herrschaft aus sind. Wer den Begriff »gewaltbereiter Salafismus« wählt, um den Begriff Islamismus zu vermeiden, hat nicht nur das Problem, als jemand wahrgenommen zu werden, der um den heißen Brei herumredet. Er stellt unwillkürlich auch eine Verbindung zwischen tiefer Frömmigkeit und Terrorismus her. Diesen Gefallen sollten wir der politisch motivierten Kriminalität, die sich im Dschihadismus offenbart, nicht tun.

Ausgehend von der Vorstellung einer göttlichen Sendung mit politischem Auftrag ist das Endziel der islamistischen Ideologie ein weltweiter Gottesstaat (Kalifat). Für diesen muss ein »heiliger Krieg« (Dschihad) geführt werden. Dabei wird die Menschheit eingeteilt in Gläubige, Ungläubige und solche, die die religiöse Botschaft noch nicht erreicht hat. Dass die übergroße Mehrheit der Muslime sich dem islamistischen Aufruf zum politischen Kampf nicht anschließt, betrachten die Anhänger dieser Ideologie als Zeichen für einen Dämmerzustand, in dem sich die Gemeinschaft der Muslime auf der Welt befindet. Sie selber sehen sich in der Rolle einer Elite, die dieser Gemeinschaft den Weg weisen muss. Ein politisches Erweckungsmotiv ist erkennbar. Es ist verwandt mit der demagogischen Losung vom »Erwachen«.

Wir haben es also mit dem unversöhnlichen Gegenentwurf zu einer von Menschen ausgehandelten rechtsstaatlichen Ordnung zu tun, mithin zur Demokratie. Während in dieser das Menschenrecht unabhängig von Glauben, Geschlecht und Herkunft besteht und eine Herrschaft durch demokratische Verfahren legitimiert werden muss, ist der Gottesstaat in seiner Macht unbegrenzt. Die Frage des Missbrauchs der Macht im Namen Gottes stellt sich weder für Qutb noch für die Islamisten unserer Tage. Da die politische Ordnung sich für sie direkt aus dem Koran ableiten lässt und er alles Gesetz für das Zusammenleben der Menschen bereits enthält (Scharia), gilt eine Diskussion um die richtige und vernünftige Ordnung und ihre freie Ausgestaltung oder Veränderung als »gottlos«. Die Anschläge auf Parlamente, Wahllokale, demokratische Parteien und Politiker, wie sie von militanten Islamisten immer wieder verübt werden, haben hier ihre geistige Wurzel.

Doch was wäre, wenn der Teufel in die politische Führung gefahren wäre? Wer könnte sie daran hindern, in Allahs Namen Verbrechen zu begehen, wenn es kein System der irdischen Kontrolle, der Volksherrschaft und der »Checks and Balances« gibt? Diese Frage kann ein Islamist nie plausibel beantworten. Seine Rechtfertigung totaler Herrschaft speist sich jedoch nicht nur aus der Ignoranz gegenüber der Fehlbarkeit des Kalifen. Sie wird bestärkt durch eine Besonderheit seiner Ideologie gegenüber dem Mainstream-Islam: Er lehnt die Deutungsvielfalt innerhalb des Islams – mit dessen Rechtsschulen und ihrem Auslegungsdialog – ab. Die Entstehung von verschiedenen Religionsauffassungen innerhalb des Islams ist für den Islamisten ein Zeichen des Niedergangs. Diese Auffassung ist bei den salafistischen Strömungen im Islam besonders ausgeprägt. Zur Stellung des Salafismus im Islam sei auf die Beiträge von Mohammad Gharaibeh und Bacem Dziri in dem schon genannten Sammelband von Said und Fouad hingewiesen.

Die Ablehnung theologischer Deutungsvielfalt und damit letztlich jeder Theologie, die ihren Namen verdient, ist ein reizvoller Ansatzpunkt in der pädagogischen Arbeit. Wir beobachten immer wieder, dass sich vom Islamismus beeinflusste Jugendliche der Aufgabe einer Textinterpretation verweigern. Das gilt ähnlich auch für die Aufgabe, in eigenen Worten einen Standpunkt zusammenzufassen, der mit der eigenen Ideologie kollidiert. Die Sichtweise, dass jede Stelle einer heiligen Schrift schon beim Versuch, sie zu verstehen, unweigerlich eine persönliche Deutung erfährt und dass ohnehin Religion als

Ganzes nie mehr sein kann als eine persönliche Beziehung zu einem (angenommenen) höchsten Wesen, ist mit dieser Ideologie nicht zu vereinbaren. Islamismus bedeutet deshalb auch eine geistige Despotie, und er ist mit den Prinzipien eines aufgeklärten, wissenschaftlichen Denkens unvereinbar.

Die Lernenden zu einer Freude am Diskurs anzuregen und sie zu ermutigen, quer und anders zu denken als die Autorität, ist daher eine elementare Verpflichtung einer demokratischen Pädagogik.»Sich seines Verstandes ohne Leitung eines anderen zu bedienen« (Kant 1974) und nicht nur Dogmen zu repetieren, ist nicht nur unser Anspruch an alle Absolventen eines demokratischen Bildungswesens, die dort einen Abschluss erreichen wollen. Kants Wahlspruch der Aufklärung von 1783 charakterisiert auch und vor allem das Lebenselixier der Freiheit.

Es ist deshalb kein Zufall, dass in islamistischen Kreisen eine Gegenbildung für die eigenen Nachkommen und Anhänger organisiert wird, die weder im staatlichen Schulwesen noch in den Moscheen der nichtislamistischen Muslime stattfindet. Solche Bestrebungen kennen wir seit langem auch von Minderheiten und Sekten anderer Religionen. Streit mit der Staatsschule gibt es zwar auch über die Abstammungslehre oder die Sexualkunde – aber von ganz elementarer Bedeutung ist die Religion als Bildungsgegenstand. Darin liegt eine der grundlegendsten Herausforderungen für das demokratische Schulwesen; denn was in ein Schattenreich verbannt ist, kann sich der Aufsicht des Staates nach Art. 7 GG leicht entziehen. Dieser Verbannung leistet jedoch ein monokultureller Religionsunterricht Vorschub. Der Entwicklung einer solchen Monokultur wird am besten dadurch begegnet, dass die Schule der Einwanderungsgesellschaft ihren Religionsunterricht so modernisiert, dass er der religiösen Vielfalt in der Schülerschaft gerecht wird – als gemeinschaftlich verantworteter interreligiöser Unterricht (Staatsvertrag FHH/Muslime 2012).

Es geht jedoch nicht nur um Rechtsstaat, Glaubensfreiheit und demokratische Bildung, sondern auch um den Lebensstil der offenen Gesellschaften. Ein Kernbestandteil der islamistischen Ideologie ist ihre Anti-Westlichkeit. Die Polemik entzündet sich – wie bei anderen religiösen Radikalismen – an der »Gottlosigkeit« des gesellschaftlichen Lebens und der Freiheit des Individuums. Von Sayyid Qutb bis Osama bin Laden sind eine persönliche Bekanntschaft mit dem Westen – bei beiden gingen USA-Aufenthalte der Radikalisierung voraus – und die Verdammung des dort Gesehenen und Erlebten ein bekanntes biographisches Muster. Mark Juergensmeyer hat in seinem Buch über die Globalisierung religiöser Gewalt zahlreiche Radikalisierungsbiographien und die damit verbundenen Selbstrechtfertigungen religiöser Führer verarbeitet. Es bietet für ein Verständnis der gegenwärtigen Konflikte auf der Welt wertvolle Gegenperspektiven, um die Beweggründe einer religiös begründeten Menschenrechts- und Demokratiefeindlichkeit nachvollziehen zu können (Juergensmeyer 2007).

In der globalisierten Welt mit ihren ungeheuren Modernisierungsschüben werden alte Traditionen und Gewissheiten entwertet (Huntington 1997). Dies ist nicht nur eine Erfahrung politischer Führer, sondern wird zum Bestandteil eines kollektiven Bewusstseins in den betroffenen Gesellschaften. In Frage gestellt wird nicht nur die alte Lebensform, sondern mit ihr auch die Stellung des Mannes und des Vaters (Heinsohn 2008). Die Orgien der Gewalt, die wir in Ländern wie Nigeria und Pakistan gegen das weibliche Geschlecht und gegen den Bildungswillen von Mädchen erleben, sind deutbar als die Entfesselung männlicher Aggression aus der Angst vor dem Machtverlust patriarchalischer Herrschaft. Es gibt kaum Beispiele in der Neuzeit, die sich mit der Brutalität der Mädchenmorde, -verschleppungen und -versklavungen vergleichen lassen, wie sie vom IS und von Boko Haram, aber auch von den pakistanischen Islamisten begangen werden.

Exkurs: Islamismus und Rechtsextremismus

Etliche Grundzüge des Islamismus finden sich beim Rechtsextremismus und auch beim Stalinismus, auch wenn ihre Herkunft und ihr kultureller Kontext weit auseinanderliegen. Totalitäre Ideologien sind »Diesseits-Religionen«. Sie ergreifen nicht nur total Besitz vom Menschen (Arendt 1986), sondern erheben auch den Anspruch, alle Fragen und Probleme endgültig klären zu können. »Der Islam ist die Lösung«, lautet daher die Parole der Islamisten.

Es liegt jedoch auch an der Struktur der Erzählung, die den totalitären Ideologien eigentümlich ist, dass sich gemeinsame Züge aufdrängen. Sie ist jeweils tragisch. Sie kündet von einer goldenen Frühzeit oder Blüte, von Verrat und Niedergang oder von einer Schmach, die gerächt werden muss. Und sie verheißt die Heraufkunft einer neuen, großen Harmonie nach dem »Endsieg« – ein Paradies auf Erden, in der Form eines Führerstaats oder eines Kalifats.

Wir sollten den Mut aufbringen, die großen Bücher dieser Bewegungen erneut zu lesen – unter dem kritischen Gesichtspunkt ihrer Gemeinsamkeiten. Wirksam bekämpfen kann man nur, was man durchschaut hat. Arthur Moeller van den Brucks »Drittes Reich« etwa mit Sayyid Qutbs »Zeichen auf dem Weg« zu vergleichen, könnte ein spannendes Unternehmen für alle sein, die sich in die Geistesgeschichte der Ideologien vertiefen wollen, um daraus Anhaltspunkte für eine historisch fundierte politische Bildung abzuleiten, die der demokratiepädagogischen Prävention dient. Wir beschränken uns im Folgenden auf eine Tabelle, um die Verwandtschaft augenfällig zu machen:

	Grundmuster des Islamismus	**Grundmuster des Rechtsextremismus**
Freund-Feind-Denken	Muslime und Ungläubige	Deutsche und Ausländer
Vision	Gottesstaat	Deutsches Reich
Politikform	Kalifat	Führerstaat
Legende	Demütigung der Muslime	Fremdherrschaft der Besatzer
Ungleichwertigkeit ...	... der Geschlechter	... der Ethnien

1 Islamismus: Ursprung und Grundmuster einer Ideologie

	Grundmuster des Islamismus	**Grundmuster des Rechtsextremismus**
Ablehnung ...	• ... der Naturrechtslehre • ... von Rechtsstaat und Demokratie	• ... der Gleichheit vor dem Gesetz • ... von Rechtsstaat und Demokratie
Anti...	...-Westlichkeit und Judenhass	...-Amerikanismus und -semitismus
	• Religiöser Dogmatismus • Lebensform-Despotie	• Geschichts-Revisionismus • Anti-Pluralismus

Zum Freund-Feind-Denken jeder radikalen politischen Ideologie gehört es, dem Feind das Lebensrecht abzusprechen. Wie rasch dies zum Völkermord führen kann, haben wir beim jugoslawischen Bürgerkrieg erlebt, und wir erleben es gegenwärtig in den Massakern des IS an Jesiden und Christen.

Während die nationalsozialistische Bewegung die Dolchstoßlegende von 1918/19 mit in ihr ideologisches Arsenal aufnahm, bringt der Neonazismus unserer Tage ein eigenes Narrativ mit sich: das von der Fremdherrschaft der Alliierten, die nach dem Sieg über Deutschland 1945 installiert worden sei. Diese Geschichtsdeutung ist eine tragende Säule des NPD-Weltbildes, und sie unterfüttert einen hasserfüllten Anti-Amerikanismus, der sich mit antisemitischen Elementen vermengt. Schauen wir wieder zum Islamismus hinüber, so sehen wir, dass auch dieser die Geschichte des 20. Jahrhunderts umdeutet: in eine religiöse Konfrontation. Kolonialismus und Imperialismus werden als Mächte gedeutet, die die Muslime gedemütigt hätten. Die Gegensätze zwischen Ländern muslimischer Kultur werden als eine von außen geschürte Zwietracht umgedeutet. Diese Geschichtsklitterung ist tragend für das wichtigste und populärste Narrativ, das derzeit auch unter islamistisch beeinflussten jungen Menschen herumgeistert: die »Demütigung aller Muslime«.

Charakteristisch für solche totalitären Geschichtsdeutungen ist ihre Monokausalität. Es ist jeweils *nur* die Rasse, *nur* die Religion, *nur* die Nation, *nur* die Ökonomie die Ursache. Dabei wird reales Geschehen und damit auch reales Unrecht zur Beweisführung herangeführt. Es kommt zu einer aufwändigen und sehr beredten Revision seriöser geschichtswissenschaftlicher Theorien, jedoch – wie beim Rechtsextremismus in einem riesigen Internetfundus – auf (scheinbar) hohem Niveau und von der Hand von Deutern, die sich als Wahrheitsapostel und als Opfer des Mainstreams in der Wissenschaft darstellen. Weder für den Nazi noch für den Islamisten kann es ein Naturrecht geben. Für Letzteren ist alles Recht von Gott, für Ersteren gibt es »die« Menschheit überhaupt nicht, sondern nur Völker und Rassen (NPD). Ein Recht *ohne* Ansehen der Religion, der Herkunft oder des Geschlechts kann es von einem solchen Standpunkt aus nicht geben, somit auch keine Gleichheit aller Menschen vor dem Gesetz. Beide Ideologien liegen daher mit dem Grundgesetz und der UN-Menschenrechtscharta über Kreuz. Wo sie zur Herrschaft gelangen, enthüllt sich ihre Menschenfeindlichkeit in einer grausamen Praxis. In der demokratischen Aufklärungsarbeit kommt es daher darauf an, den Zusammenhang zwischen Weltdeutung, Menschenbild und politischer Praxis solcher Strömungen zu erhellen.

2

Dschihadismus als jugendlicher Lebensentwurf

Zum ersten Mal formiert sich eine internationale Bewegung gegen Demokratie und Menschenrechte militärisch und digital, ohne in der Mitte zwischen Aktion und Kommunikation ein politisches Zentrum aufzuweisen. Neue, zentrumslose Formen des Terrorismus kennt die Welt mit al-Qaida bereits seit längerem. Sie können, wie der 11. September 2001 gezeigt hat, mit wenig Personal Ziele auch gegenüber riesigen, hochgerüsteten Sicherheitssystemen erreichen.

Wie bei jeder Form des Totalitarismus wird jedoch der eigentliche Krieg um die Köpfe geführt. Terrorismus ist, so betrachtet, nur eine Methode. Sein Zweck ist es, Angst und Einschüchterung bei den einen zu verbreiten und, in der zerstörerischen Aktion, Symbole des

Sieges zu setzen, um bei den anderen Bewunderung zu ernten. Nine-Eleven und vergleichbare Verbrechen sind an die Möglichkeit weltweiter Kommunikation ihres Stattfindens gebunden. Das Internet ist für alle beteiligten Seiten deshalb die ortlose Sphäre, in der dieser Krieg parallel zur kriegerischen Aktion geführt wird. Sie ist nicht weniger real als die »analoge« Welt.

Diese Ortlosigkeit macht nicht nur Polizisten und Militärs, sondern auch Pädagogen Kopfzerbrechen. Längst ist ihnen das Problem bekannt, dass das Informationsmonopol der Schule dahin ist und Kinder oft über mehr Informationen und deren Quellen verfügen als die sie erziehenden Erwachsenen. Eine Weile hat die Schule versucht, das Internet zu ignorieren; inzwischen macht sie es sich als Bildungsquelle und Lernraum zunutze. Meistens hinkt sie dabei der Entwicklung ziemlich hinterher. Dass der Schüler als *digital native* dem Lehrer geduldig hilft, sich am Gerät zurechtzufinden, kommt immer noch vor. Zugleich haben sich digitale Räume entfaltet, in denen junge Menschen unbegleitet unterwegs sind und die sie – mit enormer Kreativität – nicht nur als »Freunde« und zur Selbstdarstellung nutzen, sondern multifunktional – und die sie dabei sogar in ihren Strukturen und technischen Funktionen ständig erneuern. Die sozialen Medien sind der Raum, in denen sich sehr bewegliche, fluide Kreise bilden und in die mittlerweile alle alten Organisationen der analogen Welt hineindrängen – sogar Behörden und Ämter. Die Autonomie dieser Selbstorganisation ist völlig werteambivalent. Und insofern verwundert es nicht, dass sie auch politisch ausnutzbar ist, für menschenfeindliche und antidemokratische Zwecke.

»Die Kommunikation der Islamisten«, so zitiert die Deutsche Welle online am 18.01.15 aus Sicherheitskreisen, »finde immer weniger über Online-Chats und soziale Netzwerke wie Facebook und Twitter statt. Teilweise kommunizierten sie nur noch über sogenannte Messenger-Dienste auf dem Mobiltelefon wie WhatsApp und Threema. Was sich in diesen geschlossenen Charträumen abspiele, sei für die Behörden kaum kontrollierbar.«

Noch vor kurzer Zeit machte sich unsere Gesellschaft nur Sorgen über die gefährlichen Einflüsse von Spieleanbietern und Unterhaltern

2 Dschihadismus als jugendlicher Lebensentwurf

auf Kinder (»Schau hin, was deine Kinder machen«). Nun muss es auch um die Prävention politisch motivierter Kriminalität gehen. Die Entwicklung des »Salafismus als einer deutschen Jugendkultur« hat jedoch mittlerweile zu einem breiten Angebot des »Pop-Dschihad« geführt, der die Stile und Symbole eines kämpferischen Islamismus an Jugendliche und auch Kinder heranträgt, und dies in einer Form, bei der der ideologische Kern weitgehend popularisiert wird (Dantschke 2011). Der Zusammenhang mit religiösen Dogmen wird gelockert, derjenige mit politischer Militanz hingegen nicht. (Es sei hier daran erinnert, dass es in der Geschichte der totalitären Bewegungen immer wieder Phasen gegeben hat, in denen sich das Militärische gegenüber dem Ideologischen verselbstständigte und Kulte der reinen Gewaltausübung entstanden.)

Der Islamismus kann, in seiner »Übersetzung« hin zu mehr Massenwirksamkeit, dabei auf eine Unterstützung rechnen, bei der westliche Underground-Stile mit einer formalisierten Radikalität verknüpft werden. Die Rapper-Ikone Denis Cuspert alias Deso Dogg mag dies hier illustrieren (siehe nebenstehende Seite). Cuspert hat sich dem bewaffneten Kampf des IS angeschlossen und betätigt sich als islamistischer Propagandist auf YouTube (Said 2014).

Auf dem »Weg der Wahrheit« (arab. Haqq) ist man demzufolge, wenn die Kuffar, d. h. die Ungläubigen, einem Probleme machen und man zum Objekt von Strafverfolgung durch das Bundeskriminalamt wird. Der symbolträchtige Zeigefinger des Predigers macht klar, dass Cuspert hier eine religiöse Führerrolle für sich in Anspruch nimmt. Die Ansprache hat eine eindeutige Botschaft: Du bist dann der Frömmste der Frommen, wenn du als Terrorist gesucht wirst. Die Fahne des IS wird als Hintergrund stilisiert, das religiöse Schlüsselwort erscheint in Rot, und der »Prediger« tritt seinen Adressaten im lockeren Szene-Outfit entgegen. Die ästhetische Brücke zur jugendlichen Zielgruppe ist unverkennbar: T-Shirt, Lederjacke, Palästinenserschal als Kopfbedeckung.

Dieses »Kunstwerk« kommuniziert die radikale Umwertung der Werte über die Prediger- und Kämpfer-Haltung. Wer auf dem Weg Gottes ist, wird als Public Enemy verfolgt. Dass du der Frömmste der

Frommen bist, erkennst du daran, dass du als Terrorist zur Fahndung ausgeschrieben bist. Die Anspielung auf das Grundmuster der »Demütigung und Verfolgung der Muslime« bleibt hier formal. Weggelassen wird, für welche Werte der Gejagte steht. Der zornige junge Mann bietet seine Radikalität und Entschlossenheit als Identifikationsmöglichkeit an, ohne dass hier ein Dogma beschworen wird. Cusperts Internetauftritte zeigen allerdings, dass er durchaus in der Lage ist, die zentralen islamistischen Botschaften in einem Drei-Minuten-Clip zu vermitteln.

Totalitäre Visionen weisen auf ein zukünftiges Reich hin. Sie rufen zur Verwirklichung einer Utopie auf. Die Kampfstärke der Anhängerschaft hängt maßgeblich davon ab, inwiefern sie die Vision verinnerlicht hat. Mit der Entstehung des sog. »Islamischen Staats« kann die islamistische Bewegung eine »Realutopie« anbieten und sie mit den Mitteln ihrer »Global Islamic Media Front« als Modell eines Gottesstaats vermarkten, für den es sich nicht nur zu kämpfen lohnt, sondern der die Hilfe auch seiner fern lebenden Anhänger verdient. In der pädagogischen Präventionsarbeit stehen wir daher vor der neuen Herausforderung, junge Menschen von einer Beteiligung am Kampf des IS abzuhalten. Die Unterstützung dieser terroristischen Vereinigung findet jedoch nicht nur nach einer Einreise ins Kampfgebiet statt, sondern auch durch die Werbung für ihre Ziele unter Gleichaltrigen und Gleichgesinnten. Dabei kommt den digitalen Netzwerken eine immer höhere Bedeutung zu.

Entscheidend hängt die Qualität der Prävention davon ab, inwieweit die pädagogisch Handelnden erkennen, was die Faszination der islamistischen Propaganda für Jugendliche ausmacht und welches Persönlichkeitsprofil besonders anfällig für Beeinflussung ist. Gegenüber der Weltöffentlichkeit brüstet sich der IS zwar mit Darstellungen von bestialischer Grausamkeit; die Rekrutierung junger Unterstützer läuft jedoch primär über positive Botschaften. Angeboten wird, wie Irmgard Schrand vom Landeskriminalamt in Hamburg, eine der besten Kennerinnen des Milieus, es ausdrückt, nicht einfach islamische Kultur, sondern eine »islamische Lebensordnung«. Jochen Müller, Götz Nordbruch und Deniz Ünlü haben einen Verankerungscode für die Bindungswirkung der islamistischen Strategie in die Buchstabenreihen AAA und WWGGG gefasst: Autorität – Abwertung – Ablehnung; sowie Wissen – Wahrheit – Gehorsam – Gemeinschaft – Gerechtigkeit (Müller 2014). Der Sammelband von El-Gayar und Strunk ist insgesamt für die präventive Praxis zu empfehlen (El-Gayar/Strunk 2014).

Dennoch sollte der eigenständige Stellenwert einer Ideologie und Bewegung nicht verkannt werden. Jugendsoziologische oder entwicklungspsychologische Erklärungsversuche blenden den Reiz der Ideologie selbst oft aus. Zum pädagogischen Respekt gegenüber der gefährdeten Person gehört daher immer auch, sie als Meinungsträgerin ernst zu nehmen. »Nein, wir sind nicht krank«, sagten mir einst ein paar selbstbewusste junge NPD-Anhänger, die sich eine Parteiveranstaltung gegen Rechtsextremismus ansahen.»Wir haben einfach diesen Standpunkt.« Dennoch ist hier wie beim Islamismus darüber nachzudenken, welche Einflussfaktoren besonders bei Jugendlichen wirksam sind und – vom demokratischen Standpunkt aus betrachtet – in Fehlorientierungen umschlagen können.

Pubertät ist bekanntlich nicht nur die Zeit, in der die Eltern komisch werden; es ist auch die Zeit, in der sich eine Lust daran entwickeln kann, das Wertegefüge der Erziehungsautoritäten in Frage zu stellen. Die Werte radikal umzukehren, kann dabei auf dem Weg zur eigenen Identität eine Etappe sein. Die Faszination des Bösen muss der junge Mensch gar nicht selber ersinnen. Die Erlebnisgesellschaft bietet dafür ein reichhaltiges Angebot. Zynische und destruktive Figuren, aggressive Musikrichtungen und Lebensstile sind ein Teil der Jugendkultur. Während der Kulturpessimist darin Anzeichen für den Untergang des Abendlandes sieht, akzeptieren die professionellen Begleiter, dass die Identitätsbildung negatorische Phasen braucht – wobei allerdings die Kunst darin besteht, sie ohne Schädigung zu durchlaufen. Die Selbstwerdung ist an ein sichtbares Anderssein gebunden. Der zeitweilige Eintritt in eine ideologische Nebenrealität (Lempp 2003) kann dabei ein Mittel zur Linderung von Entwicklungsdruck sein. Alle jungen Generationen kostümieren sich, um mit einer neuen Identität zu spielen und die Tür zur Kindheit hinter sich zuzuwerfen. Eine mächtige Lifestyle-Industrie hilft ihnen dabei, und im Internet haben alle Jugendlichen die Möglichkeit, sich der Menschheit in einem kreativen Selbstentwurf vorzustellen.

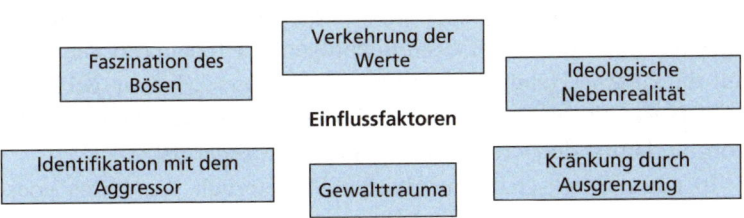

2 Dschihadismus als jugendlicher Lebensentwurf

Ein nicht geringer Teil der heutigen Jugend ist auf dem ohnehin schwierigen Weg der Identitätsfindung von Gewalt- und Ausgrenzungserfahrungen betroffen. Immer neue Bürgerkriegsgenerationen kommen zu uns, oft durch grässliche Erlebnisse traumatisiert. In der Einwanderungsgesellschaft stoßen liberale und autoritäre Erziehungsstile aufeinander. Das Ideal der Erziehungspartnerschaft zwischen Schule und Elternhaus wird oft durch eine Konfrontation zweier Wertewelten verraten, die sich sprachlos und feindselig gegenüberstehen. Was Freiheit ist, was Gerechtigkeit, ist zwischen den Erwachsenen, denen sich das Kind gegenübersieht, oft umstritten.

Wer die Gelegenheit hat, in ein Schulwesen als Ganzes hineinzublicken, ist zuweilen erschrocken, in welchem Maße selbst in der modernen Großstadtgesellschaft die Diskriminierung von Kindern und Jugendlichen zum Alltag gehört. Die Kränkung durch Ausgrenzung ist immer noch eine Massenerfahrung; wo sie im geschützten Raum berichtet werden kann, wird deutlich, dass sie sehr oft eine soziokulturelle oder ethnische Tönung hat (Schiffauer u. a. 2002). Kommt dann auch noch die Religion als Unterscheidungsmerkmal hinzu, entsteht unter Umständen eine explosive Mischung, die, in der Hand des radikalen Agitators, zu einer Waffe gegen das friedliche Zusammenleben werden kann – und zu einem Rekrutierungsmittel. Besonders Jugendliche, bei denen sich das Demütigungserlebnis mit dem Eindruck einer dauerhaften Perspektivlosigkeit verbindet, können dabei zur leichten Beute werden. Sie sind umso eher geneigt, sich einem charismatischen Führer anzuschließen, als sie die Unterwerfung unter einen Vaterersatz brauchen. Wenn solche und ähnliche wirtschaftliche und soziokulturelle Faktoren mit einem Kräftefeld politisch-ideologischer Beeinflussung in Berührung kommen, können sich daraus folgenschwere Fehlorientierungen entwickeln. Diese können sich zu Facetten einer Radikalität zusammenfügen. Nach dem Mordanschlag auf die Charlie-Hebdo-Redaktion in Paris vom 7. Januar 2015 analysierte das Nachrichtenmagazin »Spiegel« in seiner Titelgeschichte vom 17. Januar den »Terror der Verlierer« (Spiegel 2015).

In einer Gesellschaft, auf die der Wahlspruch »Anything goes« passt, fällt es bei der Abnabelung von den Erziehungspersonen

2 Dschihadismus als jugendlicher Lebensentwurf

schwer, mit einer wirklich schrillen Totalalternative aufzutrumpfen. Das schon zitierte Schülerwort »Ich brauche keine Freiheit« bietet sie. Damit wird der Wertekern der freiheitlichen Ordnung in Frage gestellt. Das kann mit dem Bekenntnis zum Führerstaat begründet werden – oder mit der Selbstaufgabe durch religiöse Unterwerfung. Herbeigeführt werden kann ein politisches System, das die Freiheit negiert, nur durch eine antidemokratische Bewegung, ob nun als faschistische bzw. nationalrevolutionäre Bewegung oder aber als eine, die sich als radikal-religiöser Aufbruch verkleidet. Am Ende des Weges steht ein radikal anderer Staat als der heute bestehende: ein Führer- oder Gottesstaat.

Die Autorität, die die Bewegung führt, ist in den Augen ihrer Anhänger von einer höheren Macht legitimiert. Sie ist von Gott oder doch, wie beim Nationalsozialismus, zumindest von der »Vorsehung« (Hitlers Wortbrücke zwischen den heidnisch und den religiös inspirierten Teilen seiner Bewegung) bestimmt und erscheint in der Gestalt des Führers, Kriegers, Kalifen oder Gurus. Der Kult, den die islamistischen Führer in den Medien für sich selber zelebrieren, vereint diese Formen in einem Bild. Wir sehen einen Propheten mit erhobenem Zeigefinger und Sturmgewehr, im Hintergrund der erste Teil des islamischen Glaubensbekenntnisses. Längst hat das Sturmgewehr Kalaschnikow AK 47 – als Symbol der Gewalt – dabei selber den Nimbus eines Kultgegenstandes erlangt.

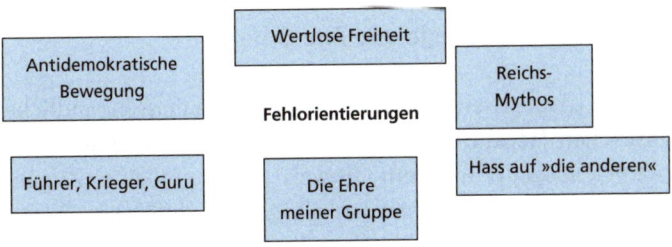

Eine solche Bewegung braucht ein klares Freund-Feind-Schema. Ausgrenzungserfahrungen und ein Hass auf »die anderen« können zum Aufbau eines kollektiven Wir beitragen, das sich der übrigen Gesellschaft konsequent gegenüberstellt. Dabei spielen Ungleichwertigkeitsvorstellungen eine bedeutsame Rolle. Diese richten sich beim Islamismus auch gegen den muslimischen Mainstream. Das kämpferische Wir wirkt im Schulalltag oft zerstörerisch in Bezug auf das friedliche Zusammenleben, und es entfaltet enorme Bindungswirkungen gegenüber den Mitgliedern einer – oft willkürlich definierten – Gemeinschaft.

Der Rückzug mancher radikalen Jugendlichen in ihre Gruppe kann aber Ausmaße annehmen, die einem Verschwinden gleichkommen. Die islamistische Gruppe ist kaum mit gewohnten Begriffen wie »Zelle«, »Sekte« oder »Verein« zu erfassen, weil sie zugleich hermetisch und homogen ist und dabei dennoch rein lebensweltlich und informell. Neue Mitglieder merken oft erst einmal gar nicht, wo und bei wem genau sie sich eigentlich befinden. Der Führungskader tritt als Hodscha auf und bietet sich als väterlicher Freund oder guter Kumpel an. Für die Sicherheitsbehörden stellt diese Art eines politischen konturlosen Untergrunds eine erhebliche Herausforderung dar. Gerade weil ihr Handeln so erschwert wird, hoffen viele Kolleginnen und Kollegen aus dieser Zunft auf die Pädagogik. »Wir«, sagte mir schon vor Jahren ein Beamter des Landeskriminalamts, »sind doch sowieso immer erst dran, wenn das Kind schon in den Brunnen gefallen ist.«

Die islamistische Strategie und ihre Opfer

Zielgruppe islamistischer Ansprache sind vor allem Jugendliche aus muslimischen Herkunftskulturen. Auf sie wird, wenn sie widerstehen, Druck ausgeübt mit dem Hinweis auf ihre religiöse Zugehörigkeit. Liberale Lebensstile werden als gottlos diffamiert. Mit einer solchen Agitation sind nicht selten Einschüchterungsversuche verbunden. Im großstädtischen Raum treten Gruppen junger Islamisten zuweilen als Sittenwächter auf und sprechen vor allem junge Frauen und Mädchen an. Das geschieht nach Augenschein, also durch ethnische Erkennung. Solche Nötigungstendenzen gibt es auch in Schulen und Jugendeinrichtungen zwischen jungen Menschen. Die am meisten Betroffenen sind dabei muslimische Mädchen, die isoliert oder zu schüchtern sind, um sich der religiös verbrämten Zudringlichkeit zu widersetzen. Angesprochen und angeworben werden aber auch solche Jugendliche, die keinen muslimischen Hintergrund haben. Der Anteil der Konvertiten unter den islamistischen Aktivisten ist auffällig hoch.

Die islamistische Politik vereinnahmt nicht nur die Religion für sich, sondern sie hat eine ethnische und nationale Dimension. Organisationen wie Milli Görüş (»Nationale Sicht«) bieten ein Gebräu aus islamischem Konservatismus und türkischem Nationalismus an, auch wenn sie dabei einem Konflikt mit der demokratischen Verfassungsordnung aus dem Weg gehen. Dennoch ist die Vermengung von Religion, Ethnie und Nation ein wirksames Mittel, um besonders solche Jugendlichen, die zwischen den Kulturen stehen, »abzuholen« und zu radikalisieren. Dabei ist immer die Konstruktion einer Differenz zu anderen Gleichaltrigen im Spiel. Wo an einem individuellen Diskriminierungsvorfall nicht angesetzt werden kann, wird eine kollektive Kränkung herbeigeredet. Diese wird mit einem archaischen Ehrbegriff kontrastiert, um in dem jungen Menschen den Impuls zu wecken, die verletzte Ehre wiederherzustellen. Solche Ansprachen sind besonders dann wirksam, wenn sich im Herkunftsmilieu des Jugendlichen Radikalisierungen abspielen, die im Gefolge politisch-historischer Umbrüche auftreten. Matenia Sirseloudi hat die Identitätsentwicklung in der türkischen Diasporagemeinschaft in Deutschland analysiert, was uns das Verständnis der Veränderungen in dieser zahlenmäßig größten Community erleichtert (Sirseloudi 2008).

Der Lebensentwurf, der auf diese Weise mitvermittelt wird, kollidiert eindeutig mit dem Wertgehalt des Art. 3 GG über die Gleichheit vor dem Gesetz. »If we cannot bond as citizens we have to bond in the name of race or religion«, heißt es bei Benjamin Barber. Der islamistische Diskurs fordert auch dort, wo er nicht zum bewaffneten Kampf aufruft, die demokratische Verfassungsordnung und mit ihr die freiheitliche Gesellschaft heraus, weil er den Menschen auf das zurückwerfen will, was ihn zu anderen Menschen in Gegensatz bringt.

Der Versuchung dieser Strategie erliegen besonders leicht solche jungen Menschen, die in einer schwierigen Lebensphase nach einem Halt suchen. Überraschend häufig handelt es sich dabei um solche Jugendlichen, die mit einer »dicken Schülerakte« vor dem Scherbenhaufen einer Devianz-Karriere stehen oder schon Erfahrungen mit Polizei und Justiz gesammelt haben. Die Religion erscheint ihnen als Rettungsanker und Ausweg: »Ich werde anständig«. Frömmigkeit, rasch übergeworfen wie ein frisches Hemd, soll zu einem neuen Leben führen.

Ein zweiter, eher bei Mädchen zu beobachtender Antrieb zur Religiosität ist der erste Liebeskummer oder eine psychische Krise. Kriminexperten haben bei der Untersuchung der Gründe für Ausreisen in den Dschihad eine bunte Reihe von Motiven gefunden, die mit politischem Radikalismus oft gar nichts zu tun haben (MIK-NRW 2014). Dazu gehört auch das Muster, zu zweit, als junges Paar, in den »Islamischen Staat« zu emigrieren.

Bei fast allen männlichen Jugendlichen, deren Fälle uns bekannt geworden sind, spielt eine gestörte oder nicht vorhandene Vater-Beziehung eine große Rolle[1]. Die Empfänglichkeit für starke Führung und eine warme, väterlich wirkende Hand, die einem das Gefühl von Geborgenheit gibt, ist gerade bei solchen Jungen entwickelt, die – zwischen den Kulturen – den eigenen Vater verachten, weil er die Integration nicht geschafft hat und als Verlierer dasteht. Wo der Dialog mit den Eltern verstummt ist, können elementare Bedürfnisse der Sinnfindung nicht mehr befriedigt werden. In der Rolle des selbsternannten Hodschas kann der islamistische Kader hierfür den passenden Ersatz bieten.

---

[1] Der Sänger Stromae thematisiert mit »Papaoutai« die bange Frage des vaterlosen Jungen an die Zukunft und trifft damit offenbar die Stimmungslage einer Generation: https://www.youtube.com/watch?v=yl-o-kO2RdY

Die immensen Gesprächsbedürfnisse von jungen Menschen im Umbruch und Aufbruch werden von ihrer Umgebung oft nicht befriedigt. Eine Schule, die diese Bedürfnisse ignoriert, leistet womöglich einer Radikalisierung indirekt dadurch Vorschub, dass sie den jungen Menschen nötigt, nach einer Ersatzeinrichtung zu suchen. Der ungestillte Hunger nach Sinn in den pragmatischen, allein auf Performance orientierten Ausbildungsgängen der PISA-Schule (»Employability«) ist ein gefährlicher Anknüpfungspunkt für die Angebote der islamistischen Verführer. Dem systematischen Einsatz von Dialogstrategien kommt daher in der pädagogischen Praxis immense Bedeutung zu (Kiefer 2014).

Täuschen wir uns jedoch bei allem nicht über die Faszination des »Heiligen Krieges« hinweg, die gerade bei den Jungen ein wichtiges, vorpolitisches Motiv sein können, sich den Islamisten anzuschließen. Hundert Jahre nach 1914 dürfen wir nicht vergessen, dass Jungmännerpotenziale (Heinsohn 2008) leicht zu den Truppen derjenigen werden können, die zu einem großen, heroischen Kampf aufrufen. Genau darauf zielt auch die Propaganda des IS. Über die jungenpädagogischen Mechanismen, die in diesem Zusammenhang ihre fatale Wirkung entfalten, kann André Taubert vom Hamburger »Netzwerk Prävention und Deradikalisierung« berichten.

Ordnung, Richtung, Heilsversprechen sind in einer unübersichtlichen Welt, in der Familienstrukturen zerfallen und die Biographien der Erwachsenen von Brüchen und Zufällen geprägt sind, verlockende Alternativen zum täglichen Chaos. Diese Gegenentwürfe zum Leben im Mainstream werden von der islamistischen Propaganda aus der Kritik am westlichen Lebensstil abgeleitet und können besonders solche Jugendlichen ansprechen, die im harten Wettbewerb der Leistungsgesellschaft unterliegen. Deshalb ist es auch kein Zufall, dass unter den islamistischen Kämpfern relativ viele auf eine problematische Schullaufbahn und eine eher freudlose Jugend zurückblicken. Das gilt auch für manche Top-Terroristen wie Zacarias Moussaoui, von dessen Weg der Entwurzelung, Demütigung und Radikalisierung seine Schwester in ihrem Buch erzählt (Moussaoui 2002).

3

Religiös gefärbte Konfliktlagen im pädagogischen Alltag

Eine politische und militärisch operierende Bewegung, die so mächtig ist, dass sie ganze Staaten erobern und Verbrechen von einem Ausmaß begehen kann, wie es die Welt seit der Nazi-Herrschaft nicht mehr erlebt hat, führt zu Erschütterungen, die sich auch auf Einrichtungen in Bildung und Kultur auswirken. Wenn die Verbrechen im Namen einer Religion begangen werden und die Terroristen deren Glaubensbekenntnis zu ihrem Symbol machen, kann es nicht ausbleiben, dass sich das Bild dieser Religion, aber überhaupt die Vorstellung von Religion verdüstert.

Eine Eigenheit unserer Zeit ist es, dass sich die Sphäre der Religion selber politisiert. Es entwickelt sich ein Wechselspiel von Politik und

Religion: Politische Strategien werden religiös verbrämt. Religiöse Muster werden politisch gedeutet. Das Kopftuch ist mittlerweile nicht nur ein religiöses Kleidungsstück. Es ist zu einem Symbol für den »Politischen Islam« geworden und – wie in der Türkei – zu einem Streitgegenstand zwischen Laizisten und Islamisierern avanciert. Wenn heute in Deutschland ein Mädchen mit Kopftuch in der Schule erscheint, dann gerät es unversehens in einen wahren Regen von Deutungen. »Haben Sie an sich selber schon mal geprüft«, frage ich in der Lehrerfortbildung gern, »ob sich Ihre Gefühle gegenüber einem Kopftuch in den letzten fünf Jahren geändert haben?«

Wenn ich dies so schreibe, bin ich auf eine emotionale Aufwallung unter den Lesenden gefasst, die aus meiner Formulierung eventuell vor allem herauslesen wollen, ob ich für oder gegen das Kopftuch bin. Doch darum kann es nicht gehen. Unsere Grundrechtsklarheit und unsere Entschlossenheit, die Errungenschaften der aufgeklärten Republik zu verteidigen, lassen sich nicht durch das Vorhalten eines Kleidungsstücks überprüfen. Von Lehrkräften und Erziehungspersonal ist zu verlangen, dass sie genau dieselben professionellen Standards anwenden wie sonst auch beim Umgang mit Schutzbefohlenen: Kontrolle der eigenen Gefühle, respektvoller Umgang, Analyse des Einzelfalles, taktvolle Motiv-Erkundung, Klärung einer möglichen Konfliktlage auf der Basis der Gesetze und der Hausordnung, angemessene Maßnahmen im Falle eines Regelverstoßes, aber bei allem das Intakthalten der pädagogischen Beziehung (▶ **Kap. 7**). Vor allem aber sollte auf Lehrerseite wahrnehmbar sein, was letztlich kein Gesetzgeber erzwingen kann: Freundlichkeit, Gelassenheit, Geduld und Humor.

Das alles ist nicht leicht. Pädagogik in unfriedlicheren Zeiten (Edler 2007) ist Schwerstarbeit. Sie braucht, im Vergleich zu früher, viel mehr Wachheit gegenüber dem, was wir nicht zulassen dürfen, viel mehr Konfliktfähigkeit, aber auch viel mehr Empathie und Gegenperspektive und dabei eine gehörige Portion interkultureller Kompetenz. Die Gefahr, religiöse Symbole oder Praktiken leichtfertig in eine politische Schublade zu stecken, ist groß. Hier könnte dann ungewollt ein Mechanismus wirken, den die Kriminologen *Labeling Approach* nennen: Voreilig zugeschriebene politische Radikalität wird vom Jugendlichen übernommen und als Teil der eigenen Identität verinnerlicht. Von Polizei- und Rechtsprofis kann man deshalb lernen, im Umgang mit Minderjährigen mit fatalen Stempeln (»Nazi«, »Islamist«, »Jugendgang«) sehr zurückhaltend zu sein. Auch in der Pädagogik muss die Unschuldsvermutung gelten. Auf der Skala von »sichtbarer Religiosität« bis hin zu »religiös motiviertem Extremismus« gibt es eine erhebliche Bandbreite an Abstufungen. Nicht zu vergessen ist dabei die Eigenart des jungen Menschen, mit Posen zu spielen und Erwachsene mit extremen Äußerungen zu provozieren. Deshalb sollte man vorsichtig damit sein, jugendliches Verhalten voreilig dort einzuordnen, wo das Feld der Menschenrechts- und Demokratiefeindlichkeit beginnt – es sei denn, es liegen eindeutige Anhaltspunkte vor. Eine Schule, die keine Kultur des Dialogs pflegt, ist immer geneigt, ihr Heil in der Sanktion zu suchen, wo es doch eher auf professionelle Diskursstrategien ankäme (Kiefer 2014).[2]

Allen Erscheinungsformen konfrontativer Religionsbekundung, die wir bisher beobachtet haben, ist gemeinsam, dass die Religion nicht als Friedens-, sondern als Unfriedensstifterin daherkommt bzw. missbraucht wird. Wir fassen sie im Folgenden in typischen Verhaltensmustern zusammen. Im Materialteil finden sich dazu Fallbeispiele für das pädagogische Training.

Kleidungskonflikte

Konflikte um religiöse Kleidung entstehen dort, wo der Schulbetrieb oder die Beteiligung am Unterricht in Frage gestellt sind. Das ist immer dort der Fall, wo die Kleidung – wie beim Sportunterricht, im Chemielabor oder beim Theaterkurs – ein Sicherheitsrisiko darstellt oder

---

2 Vielleicht hilft hier Schillers Diktum: »Schnell fertig ist die Jugend mit dem Wort/Das schwer sich handhabt wie des Messers Schneide.«

die Schülerin bzw. den Schüler rein physisch daran hindert, an der jeweiligen Übung usw. teilzunehmen. Wer jedoch in ein Schulverhältnis eingetreten ist, hat sich zur Teilnahme an der gesamten Ausbildung verpflichtet. Lehrkräften kann nicht zugemutet werden, das Risiko zu tragen, wenn die Kleidung eine Gefahr darstellt. Wenn eine Nichtbeteiligung zu fehlenden Leistungsnachweisen führt, hat die Schülerin bzw. der Schüler die Konsequenzen zu tragen. Auf die daraus entstehenden Nachteile sollte zu Anfang des Schuljahrs hingewiesen werden.

Gänzlich auszuschließen ist die Gesichtsverhüllung z. B. durch Niqab oder Burka. Im menschlichen Antlitz zeigt sich die Identität. Über das Gesicht wird mit anderen Menschen kommuniziert. In der Jugendgruppe, Schulklasse oder Schulgemeinschaft haben die Beteiligten ein Recht darauf, mich und meine Mimik zu sehen. Ein Recht auf Gesichtsverhüllung während des Schulbesuchs besteht nicht (BayVerwG 2014). Die bayrische Urteilsbegründung enthält eine lesenswerte Grundrechtsgüterabwägung und wird hier deshalb auch für den Schulgebrauch empfohlen. Es gibt in ganz Europa keine staatliche Schule, die eine Gesichtsverhüllung zulässt, und kein Gericht, das eine Schule dazu zwingt (Pottmeyer 2011). Der Europäische Menschenrechts-Gerichtshof hat die Klage einer Auszubildenden gegen die Französische Republik zu diesem Streitgegenstand zurückgewiesen (EUMGH 2014). Abgesehen von dieser Rechtslage lassen sich plausible Gründe dafür anführen, warum die – nur bei Frauen – angewandte Gesichtsverhüllung die Menschenwürde der Schülerin verletzt. Zur Diskussion stellen sollte man auch, ob es die Menschenwürde der Mitschüler/innen verletzt, wenn sie das Gesicht ihrer Mitschülerin nicht sehen können. Von Seiten der muslimischen Verbände in Deutschland wird übrigens die Gesichtsverhüllung in der Schule weder gefordert noch verteidigt.

Gebetszeiten und -räume

In den letzten Jahren sehen sich immer mehr Schulen und Jugendhäuser gezwungen, sich mit der von muslimischen Jugendlichen geforderten Möglichkeit zu beten, auseinanderzusetzen. Dabei sollte beachtet werden, in welchem Kontext die Forderung steht und wer sie vorbringt. Tritt eine Gruppe von Jugendlichen auf, die durch radikalreligiöse, konfliktorientierte Aktionen aufgefallen ist, kann damit anders umgegangen werden als mit dem individuellen Wunsch nach einem stillen Gebet. Die förmliche Einrichtung eines Gebetsraums ist in keinem Fall erforderlich (BIE 2013).

Grundsätzlich ist eine staatliche Schule nicht gezwungen oder gehalten, als Sakralstätte zu fungieren, und muss immer das Recht der anderen Schulmitglieder auf negative Religionsfreiheit im Auge haben. Kollektive Kulthandlungen im öffentlichen Raum der Schule sind »keine Religion, sondern politische Propaganda«, wie es ein hoher Funktionär der Ditib formulierte. Flashmob-artige Gruppengebete in der Pausenhalle müssen nicht toleriert und können sofort unterbunden werden. Ebenso sollte die Schule darauf achten, dass sich im Gruppengebet, gerade wenn es im abgeschiedenen Raum stattfindet, keine Führungsstrukturen – womöglich mit einem selbsternannten kleinen »Hodscha« – herausbilden oder gar islamistische Agitation betrieben wird.

Eine Schule in islamistisch beeinflussten Nachbarschaften kann erleben, dass sie zu einem Magneten für radikalisierte Jugendliche oder deren Eltern wird, wenn sich herumspricht, dass an ihr Grenzen überschritten werden können, die an anderen Schulen gelten. In islamistischen Netzwerken werden Vorgänge an Schulen berichtet und kommentiert, so dass ein Vergleich möglich ist. Nicht nur in Hamburg gibt es die Erfahrung, dass bestimmte Schulen jahrelang im Fokus der Aktivität stehen, andere ganz in der Nähe hingegen nicht.

Wenn der Wunsch nach einer individuellen Gebetsmöglichkeit vorgetragen wird, ist dies nicht nur ein Bekenntnis zur Religion, sondern aus der Sicht der Jugendlichen auch ein Test auf die religiöse Toleranz ihrer Schule oder einzelner Funktionsträger. Die Schule muss sich in diesem Dialog selber beobachten. Sie kommuniziert in ihrer Art des Umgangs mit der Bitte andere Dinge mit. Es ist nicht primär ein Verwaltungsakt, sondern ein Fall von pädagogischer Beziehungsarbeit. Wenn die Verantwortlichen hierbei nicht rollenklar sind, sondern sich von subjektiven Befürchtungen oder ihrer persönlichen Einstellung zur Religion leiten lassen, kann das Ergebnis nicht nur das Schulklima belasten, sondern auch einer Trotzhaltung und einer damit verbundenen Radikalisierung Vorschub leisten. Es ist möglich, mit der Forderung nach einem Gebetsraum klug umzugehen und z. B. durch die Religionslehrkräfte einen »Raum der Weltreligionen« einrichten zu lassen, in dem religiöser Pluralismus schon durch die Ausgestaltung zum Ausdruck kommt. In diesem Raum kann der Religionsunterricht stattfinden, und in Zeiten, in denen er nicht hierfür genutzt wird, kann er für das Gebet zur Verfügung gestellt werden. Islamistisch radikalisierte Jugendliche haben an solch einem Raum – in dem nicht nur Symbole des Islams, sondern auch anderer Religionen zu sehen sind – erfahrungsgemäß kein Interesse.

Das Problem der doppelten Standards

Huntington hat in seinem berühmten Buch über den »Clash of Civilizations« auf die Fatalität der »*double standards*« hingewiesen, die die Glaubwürdigkeit des Westens beeinträchtigen (Huntington 1997, S. 184). Das gilt auch in unserem Fall. Eine Schule, in der das »Anything goes« als Devise gelebt wird und in der Schülerinnen und Schülern fast alles erlaubt ist, erschüttert ihre moralische Glaubwürdigkeit, wenn sie plötzlich in Fragen von religiöser Kleidung und Praxis betont rigide verfährt. Ihre Vorstellungen von Sittlichkeit und Freiheit müssen unabhängig vom Streitgegenstand harmonieren. Das Regelwerk muss in sich stimmig sein. Wer das Kopftuchtragen und das Beten ausschließt, aber ansonsten jede wilde Mode und jeden Lifestyle-Exzess toleriert, erscheint in den Augen der Jugendlichen als ungerecht – und er ist es tatsächlich.

Wie auch immer wir persönlich zur Religion stehen – die Religionsfrage ruft in uns Fragen von Tradition und Kultur, von Wertordnung und den Regeln eines guten Lebens auf. Deshalb ist der Religionskonflikt eine wunderbare Gelegenheit, als Institution in sich zu gehen und sich gemeinsam die Frage zu stellen: Wie wollen wir zusammen leben und miteinander umgehen? (▶ **Kap. 5**). Das kann selbst in einer Schule, die sich für radikal modern hält, zu einer Art von pädagogischem Wellness-Event führen, aus dem auch hartgesottene Atheisten gereinigt und gestählt hervorgehen.

Religiös motivierte Verweigerung

Die persönliche Kleidung und das Gebet sind Verfassungsgüter von hohem Rang, so dass Beschränkungen hier sehr sorgfältig begründet werden müssen. Die Abwägung des Europäischen Menschenrechts-Gerichtshofs im oben genannten Fall ist äußerst skrupulös und als Lektüre wertvoll, um die Vorsicht, mit der das Tafelsilber des Verfassungsstaats berührt wird, kennenzulernen.

Weitaus einfacher lassen sich schulische Entscheidungen dort herleiten, wo von Schülern oder deren Eltern Pflichten verletzt werden, die sich aus dem Schulverhältnis oder den allgemeinen Gesetzen ergeben. Hier sind z. B. die Nichtteilnahme an Schulfahrten, die Ablehnung eines wissenschaftlichen Unterrichts (Sexualkunde, Abstammungslehre) oder die Verweigerung von Aufgabenstellungen zu nennen. »Fasse in eigenen Worten zusammen, was Gott sagt«, ist eine Aufgabe, die radikal-religiöse Schüler manchmal mit dem Hinweis verweigern, sie dürften Gottes Wort nur im Wortlaut wiedergeben. Solche Verweigerungserscheinungen ziehen sich durch alle Schulfächer, und die Begründungen wirken häufig an den Haaren herbeigezogen. Es kommt auch vor, dass die Darstellung einer Fremdmeinung in eigenen Worten mit dem Hinweis abgelehnt wird, man stimme dieser Meinung nicht zu. Ganz verbreitet ist die Zurückweisung bestimmter Texte oder auch die Weigerung, Personen oder Tiere zu zeichnen – Letzteres mit dem Hinweis auf das Bilderverbot im Islam.

Das zugrunde liegende Verhaltensmuster ist ähnlich: Angeblich oder real bestehende religiöse Vorschriften werden im Geltungsbereich ausgedehnt, um zu Schule und Unterricht in Opposition zu gehen. Die Position, die hier bezogen wird, lautet: Alle müssen sich an die Regel halten, nur ich nicht. Die Beanspruchung von Sonderrechten ist ein Grundmuster der konfrontativen Religionsbekundung, wie wir sie zwar auch immer schon von anderen Religionsgemeinschaften kennen, aber in diesem Ausmaß heute hauptsächlich bei jenen jungen Menschen erleben, die von einem politisierten Islam beeinflusst sind (Fallbeispiele siehe »Materialien«).

Mit der Schule im Konflikt

Während in der Mittel- und Oberstufe die religiös motivierte Radikalisierung in der Regel nicht vom Elternhaus kommt, sondern oft sogar in Abgrenzung von diesem verläuft, haben wir es in den Grundschulen häufiger als früher mit Konfliktlagen zu tun, die maßgeblich von den Eltern ausgehen. Im Extremfall stellen sich salafistische Eltern gegen die Regeln und Rituale der Grundschulgemeinschaft, indem sie ihren Kindern das Tanzen, Singen, Theaterspielen, die Teilnahme an Geburtstagsfeiern und an Klassenfahrten verbieten. Ein solches Verhalten schließt das Kind aus elementaren Aktivitäten der Gemeinschaft aus und diskriminiert es somit. Es macht das Kind zum Opfer eines Konflikts zwischen zwei Wertesystemen. Die Erziehungspartnerschaft wird zur Gegnerschaft. Das Kind sieht sich hin- und hergerissen zwischen den erzieherischen Autoritäten. Es kommt womöglich mit dem Auftrag zur Schule, der Lehrerin nicht zu glauben, da diese eine Ungläubige sei.

Ein solches Elternverhalten dürfte sich schädlich auf die Entwicklung der kindlichen Persönlichkeit auswirken und ist mit den Erzieherpflichten, die sich aus Art. 6 GG ergeben, nicht vereinbar. Die Schule sollte den Mut haben, die damit verbundenen Schulpflichtverletzungen zu ahnden und außerdem Unterstützung bei denjenigen Stellen suchen, die prüfen können, inwiefern eine Kindeswohlgefährdung vorliegt. Eltern und Kinder sollten in geeigneter Form daran erinnert werden, dass sie eine Vorbildfunktion für andere haben. Wo Nötigung oder gar Gewalt mit ins Spiel kommen, muss die

Schule klare Grenzen setzen – schon, um die Sicherheit der Beteiligten und das Wohl der mit einbezogenen Kinder nicht zu gefährden. Allen Formen von ideologischem Fanatismus ist eigen, dass sie dem Individuum ein selbstbestimmtes Leben verwehren. Das ist bei radikal-religiösen Eltern auch so. Sie betrachten ihre Kinder als dem Willen der Religionsgemeinschaft unterworfen, der durch sie, die Eltern, exekutiert wird. Diese Einstellung ist mit dem Geist der demokratischen Verfassungen nicht zu vereinbaren. Das Kind darf früher als bei anderen Grundrechten über seine Religion mitreden. Es kann die Grundrechte, die sich aus Artikel 18 der UN-Menschenrechtscharta ergeben, so z. B. das Recht, seine Religion zu wechseln oder aufzugeben, im Alter von 14 Jahren nur ausüben, wenn es durch genügend religiöse Bildung imstande ist, verschiedene Religionen miteinander zu vergleichen. Der Weg zur Religion und zu anderen Überzeugungen darf keine Einbahnstraße sein. Mit einem demokratischen Schulwesen ist jede Form der Überwältigung unvereinbar. Das gilt auch für einen Religionsunterricht, der ein kritisches Verstehen und Hinterfragen ausschließt. Für den demokratischen Verfassungsstaat ist ein »privat« veranstalteter Religionsunterricht, in dem Kinder nach Prinzipien »unterwiesen« werden, die mit Grundgesetz und Schulgesetzen nicht übereinstimmen, eine Herausforderung. Wird er von Kräften erteilt, die außerdem noch mit der Demokratie auf Kriegsfuß stehen, ist er sogar eine Bedrohung. In Einzelfällen ist von sog. »Koran-Camps« berichtet worden, aus denen Kinder oder Jugendliche sichtlich beeinträchtigt oder sogar traumatisiert zurückkehrten.

4

Pädagogische Herausforderungen

»Früher hat mir mein Religionsunterricht so viel Spaß gemacht«, sagte eine Seminarteilnehmerin in der Lehrerfortbildung, »aber mittlerweile ist es richtig unerfreulich. Ein Teil meines Oberstufenkurses sitzt da und wartet nur auf die Gelegenheit zum ideologischen Gegenangriff.« An so mancher Schule hat sich ein Clash-Klima entwickelt. Angst und Ressentiments belasten die Beziehungen zwischen Lehrkräften und Schülerschaft und entzweien die Schüler, und auch in Jugendeinrichtungen beginnen religiöse und kulturelle Vorbehalte oder gar Feindseligkeiten das Zusammenleben zu erschweren. Religion als Konfliktgegenstand drängt sich ungut nach vorn. »Bist du eigentlich Schiitin oder Alevitin?«, ruft ein Neuntklässler an einer Stadtteilschule, an der ich zu Besuch bin, durch das Treppenhaus laut einer jüngeren Schülerin zu. »Was geht dich das an?«, kontert sie genauso laut. »Das ist ja eine Frage!«, sage ich zu ihr. »Kommt sowas an eurer Schule häufiger vor?« »Ja, schon«, meint sie achselzuckend.

Schule und Vielfalt

Diese Entwicklung wird begünstigt durch die Diskrepanz zwischen dem »deutsch« gebliebenen Personal und einer multikulturellen jugendlichen Klientel. »An unserer Schule sind 70 Prozent der Kinder Muslime«, erzählt mir eine junge Lehrerin aus dem Hamburger Osten, »aber es wird nur Weihnachten gefeiert und nicht Ramadan«. So wie über die Republik insgesamt ist die Globalisierung über die Schule hereingebrochen wie ein schleichender Prozess, ohne ein kluges migrationspolitisches Szenario und ohne ein pädagogisches Konzept.

Noch in der Schule der 1970er Jahre steht der Lehrer seiner Klasse als Repräsentant des Staates gegenüber, und es gibt nur *eine* Wertordnung von gesellschaftlicher Geltung.

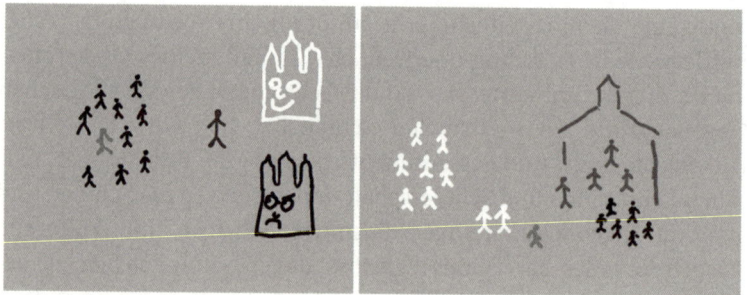

Je nachdem wie der Lehrer auftritt, entwickelt sich beim Kind ein positives oder negatives Bild vom Staat. Die schulische Erziehung erfolgt im weitgehenden Konsens mit der umgebenden Erwachsenengesellschaft, zumindest in stiller Duldung durch die Eltern. Das ist in unserer Gegenwart nicht mehr so einfach. Immer noch beaufsichtigt zwar der Staat das Schulwesen. Die Schule hat sich jedoch zur Gesellschaft hin öffnen müssen. Mächtige Partner aus Kultur, Wirtschaft, Wissenschaft und Politik sind am Erziehungs- und Wertediskurs beteiligt. Zugleich werden traditionsgebundene Elternschaften zu einem eigenständigen Machtfaktor, auch wenn sie vielleicht im schulpolitischen Konzert ihre Stimme nicht erheben.

Ein Kind aus einer solchen Familie kann sich in einer Schule mit einem anderen Wertesystem als dem häuslichen fremd fühlen – oder sogar verloren. Wenn diese Fremdheit nicht nur durch Sitten und Gebräuche, sondern auch durch sprachliche, ethnisch-nationale und soziale Verschiedenheit versinnbildlicht wird und die Schule nicht jene interkulturelle Zivilisiertheit an den Tag legt, die notwendig ist, um das Kind wirklich an- und aufzunehmen, dann ist der Sprengstoff für eine Explosion von Gegensätzen bereitet. Den Zünder liefert dann womöglich die Religion, weil sie – ganz im Widerspruch zu einer aus ihr ablesbaren Friedensbotschaft – von den Handelnden benutzt wird, um einem Freund-Feind-Gegensatz die höchstmögliche Legitimation zu verleihen.

Dabei sind die Eltern des Kindes oft viel weniger autonom als die Schule annimmt. Eltern aus traditionalen Einwanderermilieus sind häufig in funktionierende Verwandtschaften und Communities eingebunden, wie es sie so in der aufnehmenden Gesellschaft kaum mehr gibt. Da auch die deutschstämmigen Lehrkräfte nur noch zum Teil in der klassischen Form der Familie leben, können sie den Druck, unter dem die Eltern ihrer Schüler stehen, nicht ohne Weiteres erkennen. Es ist für Letztere auch nicht leicht, diesen Druck zu offenbaren. Wenn sie sich dann z. B. weigern, ihr Kind mit auf die Klassenreise zu schicken und dies religiös begründen, kann es sein, dass ganz andere Motive ausschlaggebend sind. Entscheidend ist in solch einer Situation, wie offen man miteinander sprechen kann.

4 Pädagogische Herausforderungen

Besteht die Schule auf der Beteiligung an der Klassenfahrt, so sind die Eltern eventuell in dem Dilemma, dass sie, wenn sie nachgeben, bei der Verwandtschaft »unten durch« sind, wenn sie aber nicht nachgeben, mit der Schule in einen rechtlichen Konflikt kommen. Haben sie im Herkunftsland eine Diktatur und deren Schule erlebt, ist diese Konfrontation für sie mit viel schlimmeren Assoziationen verbunden als für ein Elternpaar ohne Migrationshintergrund. Bürgerkriegsflüchtlinge haben eventuell noch ein weiteres Problem damit, ihre Kinder eine Woche lang »wegzugeben«. Auf ihnen ruht zuweilen die traumatische Last von Verlusterlebnissen in der Familie und Verwandtschaft. Wir sind immer in Gefahr, die Einwanderer von heute mit den Einwanderern von gestern gleichzusetzen; und dann wundern wir uns, warum Probleme auftauchen, die wir früher nicht hatten.

Die beiden hellen Pfeile in obiger Zeichnung veranschaulichen die Zwangslage, in die die Eltern geraten können. Schaut die Schule nur auf die Eltern, liegt es nahe, diese als »störrisch« wahrzunehmen und entsprechend mit ihnen zu verfahren. Rasch gerät dann aus dem Blick, dass das Kind der eigentliche Leidtragende ist. Denn seinetwegen ist ja der Streit ausgebrochen. Kinder neigen bekanntlich dazu, aus dem Streit der von ihnen geschätzten Erziehungspersonen Schuldgefühle zu entwickeln und sich selber als verantwortlich zu betrachten. Wenn jedoch das Wohl des Kindes Richtschnur allen pädagogischen Handelns ist, trägt die Pädagogik die Verantwortung dafür, diejenige Professionalität zu entfalten, die nötig ist, um solch einen Konflikt zu vermeiden oder zu bearbeiten und zu einer möglichst guten Lösung zu kommen.

Religion – die große Unbekannte

Auf dem Weg dahin gibt es einen schwer erkennbaren Stolperstein. Es ist die Unbeholfenheit der pädagogischen Fachkräfte, die durch die eigene Religionsferne bewirkt wird. Sie ist nicht so leicht zu erkennen wie das religionsbedingte Vorurteil gegen andere Religionen. Aber sie kann ebenfalls eine ungünstige Wirkung entfalten. Viele Pädagogen, zumal in postmodernen, großstädtischen Soziotopen, leben ohne Religion und nehmen persönlich ihr Recht auf negative Religionsfreiheit wahr. In der Schule fällt das Phänomen für sie in eine Fachzuständigkeit und ist dort gut aufgehoben.

Doch in den Strömen der Globalisierung begegnen sich nicht nur Fremde, sondern auch unterschiedliche Grade an Religiosität. Die Gewöhnung daran, dass Religion Privatsache ist, wird besonders durch den politischen Islam in Frage gestellt. Die Unkenntnis von Religionspraktiken kann, wenn Jugendliche Freiräume für sich fordern, sich als Defizit erweisen und zu falschen Reaktionen führen. Grundsätzlich gilt: Unwissenheit ist kein Bestandteil der pädagogischen Professionalität.

Es gibt Schulkollegien, die den Ausweg aus dem Religionskonflikt suchen, indem sie sich in die Lektüre der heiligen Bücher stürzen. Doch auch hier ist Vorsicht geboten. Erstens braucht Religion Theologie. Zweitens haben wir kaum Hinweise darauf, dass ein Koranstreit, den der Lehrer als Hobbytheologe mit seinem radikalisierten Schüler führt, zu dessen Deradikalisierung beigetragen hätte. Seine Unzugänglichkeit für abweichende Auslegungen und für das Wort der Autorität macht selbst religiöse Würdenträger ratlos (siehe

Gesprächserinnerung in »Materialien« I, »Der Radikale und der Hodscha«). Drittens ist eine Fixierung der Debatte auf die Religion selbst immer auch eine Einladung zur Missionierung und damit zur Propaganda. Pädagogisch und didaktisch wertvoll ist es vielmehr, folgende Leitfragen mit den Kindern und Jugendlichen zu besprechen:

- Was ist mir heilig?
- Wie gehe ich mit meiner Religion um?
- Worin zeigt sich mein Respekt gegenüber Anders- und Nichtgläubigen?
- Lasse ich andere Meinungen zu?

Eine reflexionsorientierte Religionspädagogik kann hier genauso hilfreich sein wie die philosophische Ethik. In der Reflexion aller drei Fragen liegt die Chance, über sich selber in Beziehung zu anderem und anderen nachzudenken und über die eigene Verantwortung für die eigene Beziehung zur Religion. Die Tendenz des Eiferers, sich hinter der Religion zu verstecken, kann so zum Bewusstsein gebracht werden – und sei es vielleicht zunächst auch nur bei seinen Zuhörern.

Punktuelle Intoleranz

Die Schule von heute ist ein Aktionsraum, in dem universell informierte junge Menschen das Spiel der lokalen Kräfte beobachten und sich dann einmischen, wenn es ihnen gefällt. Ferien sind jene Zeiträume, in denen einem die staatliche Bühne der Selbstdarstellung verwehrt ist, und sei es auch nur in der schnöden Form einer Präsentation. Sie werden daher als weitaus weniger lustvoll empfunden als zu Zeiten der analogen Generationen, sondern verbinden sich eher mit dem unangenehmen Gefühl, sozial »offline« zu sein.

Zum Spiel der gesellschaftlichen Kräfte in der Schule gehört ihr Umgang mit Diversität und mit der Eigenheit der Erlebnisgesellschaft, das Feiern von Exzessen als Event zu zelebrieren oder sogar für Kunst zu halten. In Kategorien von Tugend und Sittlichkeit kann die

Schule nur versuchen, einen Miniaturstaat zu betreiben, aus dem die destruktivsten Impulse der Erlebnisgesellschaft herausgehalten werden. Das Ergebnis fällt oftmals eher durchwachsen aus. Indikatoren für diese Insellage in der umgebenden Gesellschaft sind zunehmende Gelände- und Gebäudesicherungen sowie eine Vielzahl von Regelkatalogen und Leitbildern, die in Klassenzimmern und Fluren deutlich sichtbar aufgehängt werden. Sie nimmt genauso rasch zu wie die Erwachsenenpädagogik in Bus und Bahn.

Eine Schule, die sich als ein solcher Staat im Kleinen versteht, muss sich nach dessen Demokratiequalität fragen. Sie kann sich dem Gedanken nähern, dass nicht nur ihre Leistungsfähigkeit, sondern auch ihre innere Verfassung Standards genügen muss, die dem Geist internationaler Vereinbarungen entsprechen (EDC Charter 2010) und deren Einhaltung überprüfbar sein muss (Landesinstitut 2013). Dabei kann ihr Handeln motiviert sein durch politische, aber auch durch pädagogische Vernunft. In den Augen ihrer Schüler nämlich hängt ihre Glaubwürdigkeit als Einrichtung sehr davon ab, wie gerecht ihre innere Ordnung und wie stimmig ihr Regelwerk ist.

Der tägliche Kleinkrieg

Die Betonung der religiösen Differenz kann im Schulalltag als Störung des inneren Friedens wirken, wenn Konsense aufgekündigt und gemeinsame Aktivitäten in Frage gestellt werden. Wenn auf einem Elternabend eine Klassenfahrt vorbereitet wird und die Frage aufkommt, was dort gegessen wird, kann dies zu einer mühseligen Diskussion führen, besonders, wenn die eine Seite der anderen ihre Regeln aufnötigen will. Auch die Kompromissbildung darf keine Einbahnstraße sein. Schon gar nicht darf die Geltung der Vorschriften einer Religionsgemeinschaft auf die Gesamtheit der Teilnehmenden ausgedehnt werden. Oft verkompliziert sich die Verständigung zusätzlich, weil nicht nur religiöse und gesundheitliche Gesichtspunkte ins Feld geführt werden, sondern auch noch Ernährungsprinzipien mit quasi religiösem Status.

Wie bei anderen Schulkonflikten hängt hier sehr viel davon ab, mit welcher Gelassenheit eine solche Situation bewältigt wird und ob an der betreffenden Schule insgesamt ein eher positives Klima herrscht oder nicht. Die Konfliktlösungsfähigkeit der Beteiligten, ihre Fähigkeit zur Gegenperspektive und ihre Bereitschaft zur Toleranz können zu einem guten Verlauf beitragen. Pädagogische Rollenklarheit und die Zurückstellung persönlicher Antipathien sind dabei eine Grundvoraussetzung. Eskalierend wirkt immer eine politische Interpretation des Verhaltens anderer Beteiligter.

Ideologien sind monokausale Weltdeutungen. Sie greifen sich aus einem Ursachengeflecht heraus, was ihnen passt. Alle menschliche Erfahrung wird über einen Kamm geschoren. Für den nüchternen Betrachter wirkt solch eine Denkhaltung zwanghaft, ja, oft psychotisch.

In der Pädagogik hat Ideologie nichts zu suchen. Mit dem Menschenrecht hat das Kind einen Anspruch auf Individualität – und damit auf individuelle Behandlung und Respekt vor allen seinen Motiven. Wo Probleme auftauchen, muss die Pädagogik unvoreingenommen alle Ursachen erkunden und zu einer differenzierten Beurteilung des individuellen Falles kommen, bevor nach Lösungen gesucht wird. Manchmal stehe ich vor Lehrerkollegien oder Sozialraumteams, die von mir die sieben goldenen Regeln hören wollen, um mit den jungen Radikalen fertigzuwerden. Ich muss sie enttäuschen. Es gibt diese sieben Regeln nicht. Wir können nur versuchen, fallunabhängig einige häufig gestellte Fragen zu beantworten (▶ Kap. 8).

Pädagogik braucht Selbstreflexion

Gerade deshalb ist – zumal in Zeiten ideologischer Stürme – eine selbstreflexive Pädagogik so wichtig. Dazu gehört die Fähigkeit, die Konfliktsituation in ihrer Komplexität zu analysieren. Hilfreich sind hier kommunikationspsychologische Instrumente (Schulz von Thun 2010) und Rhetoriktrainings. In unserem Fall, wo es um die Dialektik von Politik und Religion geht, ist es entscheidend, sich bewusst zu machen, wie man mit seinen eigenen Einstellungen und dem eigenen Weltbild ein Teil des Problems werden kann.

Einerseits kann die Religion dem Fanatiker unbegrenzte Rechtfertigung für alle Grausamkeiten liefern, wenn er sie als Lizenz zum Töten der Ungläubigen und Ketzer versteht. Totalitär nennen wir seine Ideologie unter anderem deshalb, weil sie keine Grenze kennt und auch nicht vor dem Menschenrecht völlig Unbeteiligter Halt macht. Menschen sind aus der Sicht des Fanatikers nur eine amorphe Masse – daher die Bereitschaft zu Bombenattentaten mit möglichst hohem Blutzoll. Wir fragen uns dann entsetzt nach dem militärischen Kalkül; Terrorismus arbeitet jedoch – daher sein Name – mit dem Schrecken, den er verbreitet, mordet also wahllos und trifft seine Opfer zufällig, um aus der öffentlichen Wirkung einen politischen Vorteil zu ziehen, z. B. sein Erpressungspotenzial auszubauen.

Religiöse Verbrämung politischer Strategien ⟺ Politische Aufladung religiöser Muster

Die Taten der islamistischen Terroristen zielen also auf das Bewusstsein der Weltöffentlichkeit. Ihre Wirkung reicht jedoch bis ins Klassenzimmer und ins Jugendzentrum. Nicht nur, dass die Jugend sie und ihre Propaganda wahrnimmt; auch das pädagogische Personal sieht und hört die offizielle Berichterstattung. Und in diesem Zusammenhang kann es geschehen, dass vorfindliche religiöse Ausdrucksformen wie das Kopftuch oder die Abaya politisch gedeutet werden. Tue ich diesen Schritt, dann kann es sehr leicht passieren, dass ich den jungen Menschen in eine Schublade stecke, in die er nicht gehört. Eine Rollenzuschreibung durch eine Autorität sitzt jedoch immer besonders fest, zumal wenn damit eine Stigmatisierung in der Gruppe erfolgt.

4 Pädagogische Herausforderungen

Die religiöse Versuchung

Aber auch ohne verstärkende Profi-Fehler rutscht der Mensch zwischen Pubertät und Adoleszenz leicht in den Abgrund einer Selbststigmatisierung. Religion – das wissen alle Theologen – hat immer etwas Absolutes. Ich kann nicht sagen: »Ich glaube ein bisschen an Gott.« Mit der Totalität, die sich in Vorstellungen von Ewigkeit, Allgegenwart und Allmacht ausdrücken, kann ein junges Gemüt überfordert sein, wenn es davon in einer Lebenskrise überwältigt wird. Mehrfach konnten wir besonders bei Mädchen und jungen Frauen beobachten, dass das Angebot, sich der Religion hinzugeben, auf eine depressive Prädisposition stieß und dann zu einem Schub in Gestalt einer urplötzlichen, radikalen Selbstversenkung in die Religion führte. Dieser Prozess war mit einer Selbstisolation von der Gruppe der Gleichaltrigen verbunden, im Einzelfall mit dem Bestehen auf einer Gesichtsverhüllung und mit einer suizidalen Tendenz. Mehrfach konnte auch bei jungen Männern festgestellt werden, dass sie zum eigenen Nachteil – Ausschluss vom Betriebspraktikum – den Standpunkt sichtbarer religiöser Differenz kompromisslos behaupteten, mit der Begründung: »Mein Glaube ist mir wichtiger.« Dabei ging es um die Verweigerung eines betrieblich erforderlichen Äußeren, um die Unterbrechung der Arbeit für eine Gebetshandlung oder um das Bestehen auf einer Kleidung, die mit den Sicherheitsvorschriften nicht vereinbar war.

| Den Standpunkt religiöser Differenz kompromisslos behaupten | ⟺ | Sich in der Konfrontation mit der Norm stigmatisieren |

Von politisch motiviertem Radikalismus war in diesen Fällen noch gar nicht die Rede, obwohl ganz offenkundig eine Ansprache aus dem Umfeld erfolgt war. Festzuhalten ist also die Erkenntnis, dass wir es schon beim bloßen Umgang mit Religion mit der Entwicklung einer Haltung zu tun haben, die zur Selbstschädigung führen kann. Es ist jammerschade, dass es staatlich geförderte Nichtregierungsorganisationen gibt, die einen solchen jungen Menschen dann zu seinem Nachteil beraten und ihm eine »Diskriminierung« durch die Firma oder Bildungsstätte einreden, anstatt ihn davon zu überzeugen, dass er für den erlittenen Nachteil selber verantwortlich ist.

Fröhlich streiten

Wer in Harmonie und Frieden aufgewachsen ist und sich in seinem bisherigen Leben von der Politik und anderen gefährlichen Konfliktfeldern ferngehalten hat, hat es in der pädagogischen Praxis von heute schwer. Er kann nicht streiten. Denn guter Streit will gelernt sein. Ohne Erfahrung geht das nicht. An einer Lehrperson von – sagen wir – heute vierzig Jahren sind mehrere Generationen von unpolitischen, konsumistischen und privatistischen Jugendlichen vorbeigezogen, die vielleicht lernunwillig waren, aber gewiss nicht aufmüpfig und schon gar nicht politisch unheimlich.

Das ändert sich nun. Es ist sehr wahrscheinlich, dass, wenn ein redegewandter junger Radikaler auf eine solche Lehrperson trifft, schon das erste argumentative Scharmützel zu seinen Gunsten ausgeht. Vielleicht gelingt es ihm sogar, sie zum Verstoß gegen Diskursregeln zu provozieren. Findet der Zweikampf vor der Gruppe oder Klasse statt, so hat er nicht nur den Gewinn an Ansehen für sich, sondern kann auch noch auf eine geschwächte pädagogische Autorität herabblicken. Ist die Szene heimlich mit dem Smartphone eingefangen worden, kann sie nachmittags auf dem islamistischen Facebook-Forum genüsslich vorgeführt werden.

Wir schauen an uns hinunter und entdecken Wissensblößen, die wir bisher noch gar nicht festgestellt hatten. Eine von ihnen heißt politische Unbildung, eine weitere Debattierunfähigkeit; es kann sein, dass der letzte persönliche Blick ins Grundgesetz lange her ist, und auch elementare Rechtstexte wie die UN-Kinderrechtskonvention oder das Schulgesetz des jeweiligen Bundeslandes sind eventuell nicht im Bewusstsein.

Bei Bediensteten eines demokratischen Verfassungsstaats, die wir sind, muss das gesamte dienstliche Verhalten justiziabel sein. Sind wir mit Vorfällen oder Verhaltensweisen konfrontiert, die elementare Rechtsgüter oder Verfassungsgrundsätze berühren, dann wiegen Unsicherheiten und Fehler auf unserer Seite besonders schwer. Es kann auch nicht sein, dass sich der Chemielehrer hinter der Politiklehrerin versteckt und sich für unzuständig erklärt.

So betrachtet, tauchen am Horizont ganz neue Fortbildungsbedarfe auf. Ein Vierteljahrhundert nach der Wende muss sich die deutsche Schule mit der Frage auseinandersetzen, wie sicher sie auf jenem Parkett ist, auf dem die Demokratie gegen die Diktatur verteidigt wird.

5

Grundrechtsklarheit als Kern der Prävention

»Der Weg zur guten Schule«, so der Hamburger Rechtsanwalt und Schulrechtsspezialist Nikolaus Piontek, »führt nicht über das Recht«. Und in der Tat wird der deutsche Schulalltag durch Rechthaberei und Prozessfreudigkeit belastet. Von der Erziehungspartnerschaft sind viele Schulen schon deshalb weit entfernt. Die Schulpädagogik nach PISA hat einen pedantischen Zug, und so manches Kompetenzfeststellungsverfahren wirkt wie eine gerichtliche Beweisaufnahme. In den Schulen des Bürgertums sitzt neben dem Schüler der Anwalt der Eltern unsichtbar mit am Tischchen.

Keineswegs jedoch hat sich ein Rechtsbewusstsein überall dort verbreitet, wo es gut täte. Zu gering ist immer noch die Fähigkeit der

Schule ausgeprägt, Kinder als Rechtssubjekte aufzufassen und das Schulgeschehen unter Gesichtspunkten von Verfassungskonformität zu betrachten. Gerade im Umgang mit der Religionsfreiheit nach Art. 4 GG zeigen sich daher neuerdings – in ungewohnten Konfliktlagen – neue Unsicherheiten, über die wir nachdenken müssen.

Diese Unsicherheiten sind verschiedener Art. Sie zeigen sich in einer generellen Unklarheit hinsichtlich der Grundwerte, in einer Unfähigkeit zur Güterabwägung und immer wieder auch in der Unkenntnis von Schülerrechten. Konfrontiert mit einer radikalen Rhetorik, die die Rechte aus Art. 4 GG über alles stellt und damit die Schulregeln aushebeln will, weichen Lehrkräfte zurück und lassen ein Präjudiz zu, das der Schule im weiteren viel Ärger bereitet. Das kann bis zur Verbannung von Lektüre gehen, die eigentlich zum normalen Kanon der Schule gehört oder sogar im Lehrplan vorkommt, gegen die jedoch aus religiösem Vorbehalt protestiert worden ist. (»Ich darf keine Texte lesen, in denen das Wort Gott steht.«) Die Rechte der Schule aus Art. 7 und die Pflichten der Eltern aus Art. 6 GG werden oft ignoriert, und noch häufiger ist das pädagogische Personal ungeübt, aus ihnen Grenzen abzuleiten, die einzuhalten sind und deren Einhaltung auch von radikal religiösen Schülern und Eltern zu fordern ist.

Viele Leitbilder pädagogischer Einrichtungen stammen aus ruhigeren Zeiten und enthalten noch keine Regeln zum Umgang mit religiös gefärbten Konfliktlagen. Die Schulen wollen keine schlafenden Hunde wecken, und manche genieren sich auch, ihr liberales Image zu relativieren. Ohnehin sind Schulen nicht selten stolz darauf, bestimmte Probleme nicht zu haben, und kommen nicht auf den Gedanken, dass frühzeitige Prävention besser ist als mit den Überlegungen erst zu beginnen, wenn die Hütte schon brennt. Der Imageschutzreflex kann dazu führen, ernste Vorfälle zu bagatellisieren oder nicht zu melden. Leitbild, Schulprogramm, Hausordnung usw. werden dann eventuell so belassen, wie sie sind, und nicht den neuen Notwendigkeiten angepasst.

Es geht nicht ohne Überzeugungskraft

In dem Augenblick, wo ich diese Zeilen schreibe, kommt die Nachricht vom Tode Richard von Weizsäckers herein. Ein Artikel kommt mir in den Sinn, den er zur Parteispendenaffäre in der Frankfurter Allgemeinen Zeitung schrieb. Es ging um die Weigerung Kohls, die Namen von Spendern zu nennen. Von Weizsäcker setzte eine Reflexion über »Ehre und Gesetz« dagegen. Der Artikel war getragen von einem demokratischen Charisma ohnegleichen.

Dieses Stichwort möchte ich hier geben, um der Vorstellung vorzubeugen, man könne in der pädagogischen Situation allein durch Buchwissen etwas ausrichten. Entscheidend ist die persönliche Authentizität. Lehrkräfte und Erziehungspersonen, die einem jungen Menschen gegenüberstehen, der die Grundlagen der Demokratie in Zweifel zieht, müssen eine persönliche Überzeugungskraft unter Beweis stellen. Das ist weitaus mehr als die Fähigkeit zur Diskussion. Es geht vielmehr um ihre Identifikation mit dem demokratischen Verfassungsstaat und mit der Demokratie als Lebensform (Himmelmann 2005) – und um das Talent, diese plausibel zu vertreten. Das Wissen um die Missverständnisse, die sich aus der Verwechslung von Politik und Lebenswelt ergeben, spielt in dieser Auseinandersetzung eine große Rolle (Reinhardt 2005).

Im letzten Jahrzehnt hatte ich Gelegenheit, in Ostdeutschland einige Lehrerfortbildungsseminare durchzuführen. Mein Dilemma wurde mir rasch klar. Ich trug an die Anwesenden – die meisten davon ehemalige DDR-Lehrerinnen – den Anspruch heran, in der Konfrontation mit rechtsextremistisch orientierten Jugendlichen den politischen Diskurs zu eröffnen. Eisiges Schweigen in der Runde. Zunächst verstand ich die Reaktion nicht. Dann aber ergab das weitere Gespräch, dass die persönliche Vergangenheit der Teilnehmerinnen eine politische Ansprache von Jugendlichen ausschloss. Zu viele Ängste, zu viele Traumata waren da, als dass ein unbefangener Gesprächsimpuls denkbar gewesen wäre. Zu sehr war durch die Schule des SED-Staates Politik als Pflichtthema verschlissen worden, als dass hier eine Bereitschaft hätte entstehen können, gegen rechtsextreme Parolen die Ideale des Grundgesetzes – persönlich verarbeitet – ins Feld zu führen.

Was ist Präventionskompetenz?

Doch auch im Westen der Republik steht es nicht zum Besten. Versuchen wir in Ich-Form eine Definition für jene komplexe Kompetenz zu liefern, die wir in der Konfrontation mit jungen Menschen brauchen, welche unter den Einfluss der Ideologie des Islamismus geraten sind:

> Vom demokratischen Verfassungsstaat und der aufgeklärten Republik habe ich ein persönliches Konzept, kenne Programm und Strategie des Islamismus, bin rhetorisch trainiert und kann cool bleiben, so dass ich auch in zugespitzten Situationen genug pädagogische Rollendistanz wahren kann, um meine Schüler nicht als politische Gegner zu betrachten oder zu behandeln.

Vom Ende her betrachtet, markiert dieser Definitionsversuch eine existenzielle Grenze. Die Pädagogik ist dort zu Ende, wo der politische Kampf miteinander beginnt. Spielerisch kann an der Schule immer auch ein Kampf simuliert werden. Davon leben ganze Fächer. Eine polemische Kontroverse kann im Debattiertraining eine erwünschte und notwendige Form sein. Aber was auch immer mein Schüler sagt oder tut – ich bleibe sein Lehrer. In dem Schulmassaker von Erfurt im Jahr 2002 konnte ein Lehrer, der ein besonders gutes Verhältnis zu dem jungen Mörder hatte, diesen, nachdem bereits etliche Schüler und Lehrkräfte tot waren, mit der Frage stoppen: »Willst du mich denn auch erschießen?«. Das war der Moment, wo der Junge nicht mehr weitermachen konnte. Er tauchte in die pädagogische Beziehung wieder ein, und der Lehrer konnte diesen Moment der Erschöpfung und der Auflösung der Ninja-Nebenrealität ausnutzen und aus dem Raum fliehen.

Die Versuchung, in die rein politische Konfrontation zu gehen und sich provozieren zu lassen, ist besonders bei denjenigen Erziehungspersonen groß, die nicht rollenklar sind und die für sich die Freiheit in Anspruch nehmen, überall und jedem gegenüber die eigene politische Meinung kundzutun. Das jedoch hat mit einer verantwortungsbewussten Pädagogik nichts zu tun. Und es führt in Konfliktsituationen zu einer Eskalation, die am Ende nicht mehr beherrschbar ist. Im Nu fliegt der Beutelsbacher Konsens in Fetzen auseinander.

Schauen wir erneut auf den obigen Definitionsversuch zurück. Im Mittelteil geht es scheinbar nur um sog. Skills, also Geschicklichkeiten des Umgangs oder Handlungsregeln. Aber mit dem Cool-Bleiben ist es viel schwieriger. Was wir hier brauchen, sind nicht nur gute Nerven. Was wir brauchen, ist eine pädagogische Persönlichkeit, die in sich selber ruht und daher die Kraft hat, sich nicht aus der Ruhe bringen zu lassen. Denn unsere pädagogische Autorität erlebt jedes Mal Einbußen, wenn wir die Nerven verlieren. »Was sind die drei wichtigsten Eigenschaften eines guten Lehrers?«, habe ich manchmal meine Mittelstufenklassen gefragt. Die Antwort lief meistens auf drei Eigenschaften hinaus: Humor, Geduld, Gerechtigkeit. Genau diese Eigenschaften brauchen wir in den zugespitzten Situationen mit jungen Radikalen. Wie man sieht, sind es eben nicht nur schnöde Skills, sondern Tugenden oder sogar Charaktereigenschaften. Und diese lassen sich nicht so einfach im Reagenzglas erzeugen, nicht einmal in der raffiniertesten Lehrerbildungsanstalt.

Aber auch die politische Bildung ist gefragt. Kommen wir ein letztes Mal auf den Definitionsversuch zurück. Es geht um die Kenntnis totalitärer Ideologien und um die persönliche Beziehung der pädagogischen Fachkraft zur Demokratie als Regierungs-, Gesellschafts- und Lebensform (Himmelmann 2005). Aus der eingangs skizzierten Kritik am religiösen Dogmatismus lässt sich ein Glaubenssatz gewinnen, der zum Fundament der Demokratie gehört. Auf festem Grund steht sie nur, wenn sich ihre Citoyens mit ihr identifizieren. Das jedoch geht nicht durch mechanisches Nachbeten der Verfassungsartikel, sondern bedarf einer ganz persönlichen Verarbeitung. Was wir beim pädagogischen Personal brauchen, ist eine

»innere Republik«, die so gut durchgekaut ist, dass sie sich von der aller anderen unterscheidet. Nur dann erreichen wir als Gemeinwesen den Zustand, den uns Tocqueville in seiner Schrift über die Demokratie in Amerika empfiehlt (Tocqueville 1961). Nur dann ist die freiheitliche Überzeugung so fest, dass sie von geschulter totalitärer Rhetorik nicht erschüttert werden kann. Nur dann kann von demokratischer Identität die Rede sein.

6

Die Verantwortung der Institution

Gerade wenn wir den Korb so hoch hängen, kann die einzelne Erziehungs- oder Lehrperson nicht einfach ihrem Schicksal überlassen bleiben. Der Staat hat aus Art. 7 GG auch Verpflichtungen. Er muss die Funktionsfähigkeit des demokratischen Schulwesens garantieren. Das kann er jedoch nur, wenn er dessen Beschäftigte in den Stand versetzt, sich auch mit neuen Formen von Menschenrechts- und Demokratiefeindlichkeit auseinanderzusetzen. Die Beschäftigten müssen sich nicht nur selber fragen, wie sie auf religiöses Mobbing, Intoleranz und antidemokratische Propaganda reagieren können, sondern sie müssen auch das Recht und die Möglichkeit haben, die Unterstützung ihrer Institution und externer Fachleute abzurufen (siehe »Materialien« III, »Umgang mit Islamismus und konfrontativer Religionsbekundung«).

Der allererste Schritt im einzelnen pädagogischen Betrieb ist die Basissensibilisierung aller seiner Mitglieder. Sie sollte einhergehen mit einer ersten Bestandsaufnahme. In größeren Einrichtungen entwickeln sich die Konfliktlagen oft ungleichzeitig, nach Jahrgängen, Stufen oder Gruppen verschieden. Leitungen oder Abteilungsleitungen werden nicht immer informiert, externe Aufsichten nicht mit einbezogen. Wichtig sind behördliche Standardvorgaben für die Meldung besonderer Vorkommnisse, wie sie in anderen Bereichen, z. B. bei der Gewalt- und Suchtprävention, schon existieren. Das ist bei unserem Thema nicht selbstverständlich. Viele Einrichtungen für Kinder und Jugendliche können sich nicht daran erinnern, in der Vergangenheit schon einmal mit Erscheinungsformen von politischem Radikalismus oder religiösem Fanatismus zu tun gehabt zu haben. Die Entwicklung eines einmal gesetzten Standards zu einer geübten Routine kann eine ganze Weile dauern. Die Leitung einer Einrichtung sollte daher einen Katalog geeigneter Maßnahmen im Sinne eines Masterplans initiieren (siehe »Materialien« III, »Strategiebausteine für Schulleitungen«).

Noch nie war die Pädagogik so unmittelbar mit dem Thema Terrorismus konfrontiert wie heute. Zur Fortbildung der Beschäftigten gehört daher auch, dass die strafrechtliche Dimension verdeutlicht wird. Kinder und Jugendliche, die mittels Weblog oder WhatsApp IS-Werbung betreiben oder verbreiten, müssen auf die Schwere des Delikts aufmerksam gemacht werden; Prävention in der Jugendgruppe oder Schulklasse muss auch diesen Aspekt umfassen. Das Phänomen ist nicht nur für die Erwachsenen, sondern auch für die Jugend neu. Wir können nicht davon ausgehen, dass sich beim Thema Dschihad in den jungen Köpfen schon derselbe Bewertungskonsens durchgesetzt hat wie bei Nazi-Propaganda, Rauschgifthandel oder Raub. Die Geschichte des Dschihadismus in Deutschland ist für die meisten im pädagogischen Feld Tätigen ein unbekanntes Terrain (Steinberg 2014).

Die Gefahrenzone der politisch motivierten Kriminalität kann am besten in Zusammenarbeit mit den fachlich zuständigen Behörden ausgeleuchtet werden, die bekanntlich die pädagogischen Einrichtungen bei der Aufklärungsarbeit unterstützen (»Materialien« III, »Problemstellungen und Lösungswege«). Dabei muss auch die Fähigkeit trainiert werden, zwischen Störungen des Schulbetriebs und dem damit verbundenen Sanktionsbedarf einerseits und strafrechtlich relevanten Tatbeständen andererseits zu unterscheiden.

Ein Pädagoge ist ein Mensch, der alles selber machen muss und am Ende glaubt, alles allein zu können. Eine ganzheitliche Berufstätigkeit ist, in Zeiten gesellschaftlicher Arbeitsteilung, im Grunde hochbefriedigend, aber zugleich voller Tücken. Schicksal dieser Berufsgruppen in Schule und Erziehung ist oft nicht nur der frühe Burnout, sondern auch die Unkenntnis nützlicher Partner und Freunde, die dann alarmiert werden sollten, wenn die Situation aus dem Ruder läuft. Unterstützungssysteme in Anspruch zu nehmen, ist eine Kompetenz eigener Art. Diese setzt voraus, dass man Alarmstufen festgelegt hat und einhält, in lokale Netzwerke von externen Profis integriert ist und die Umgebung der eigenen Einrichtung inklusive der dort vorhandenen Gefahrenherde kennt. Solange nichts Schlimmes passiert, glaubt man vielleicht, ohne leben zu können. Wenn jedoch ein Schutzbefohlener im »Dschihad« ums Leben gekommen ist, wird man immer an ihn zurückdenken, und man wird die Schuldgefühle eventuell nie mehr los, wenn sich im Nachhinein verpasste Gelegenheiten zur Hilfe rekonstruieren lassen. Die Fürsorgepflicht der Vorgesetzten besteht auch darin, die Untergebenen vor solch schlimmen Erlebnissen zu bewahren.

Eine Schule, die sich gegen solche fatalen Entwicklungen wappnen will, sollte nicht nur abwehrend-präventiv denken. Sie sollte sich an Kriterien messen, die eine umfassende Alternative zum traditionellen deutschen Schul-Selbstverständnis bieten. Solche Kriterien sind z. B. im Programm und Konzept des Deutschen Schulpreises niedergelegt worden (Fauser/Prenzel/Schratz 2008). Der aus einer Arbeitsgruppe des BLK-Programms »Demokratie lernen und leben« hervorgegangene Qualitätsrahmen Demokratiepädagogik von de Haan, Edelstein und Eikel bietet die Möglichkeit, die einzelne Schule einem Demokratie-Audit zu unterziehen (QRDP 2007).

Bei alldem ist den Schulleitungen und anderen Funktionsträgern anzuraten, auf alle Beteiligten und Partner im Sinne einer Potenzialanalyse zu blicken und systematische Verfahren der Engagementförderung zu entwickeln. Das geht nur, wenn die jeweilige Gruppe nicht nur in ihrer klassischen Funktion betrachtet wird, sondern als potenzieller demokratischer Akteur. Eltern z. B. sind eben nicht nur Eltern. Sie stehen in Berufen, üben gesellschaftliche Funktionen aus, sind andernorts eingebunden und bringen so Erfahrungen und Kompetenzen mit, die die Schule oft gar nicht wahrnimmt. Wichtig ist, dass die Schule auf sie zugeht und diesen Schatz für sich erschließt. Auch wer kaum Zeit hat, kann in der einen oder anderen Form seinen Rat beisteuern.

Die Schulleitungen können kreative Formen des Dialogs gerade mit solchen Eltern entwickeln, die sich Sorgen um die demokratischen Freiheiten machen. Dazu gehören gerade diejenigen Einwanderer, die am eigenen Leibe erfahren haben, was Diktatur heißt und wozu Bürgerkriege führen können. »Wir sind nicht nach Deutschland gekommen«, sagte ein maghrebinischer Vater auf einer Elternratssitzung beim Gespräch über die islamistische Rekrutierung, »um zu erleben, dass diese Leute hier das gleiche Unheil anrichten wie in unserer Heimat.«

Wer Verantwortung für eine Bildungseinrichtung trägt, muss sich vor Augen führen, wie wichtig es für die Bildung und Erziehung der jungen Generation ist, dass ihnen die Älteren von ihren Erfahrungen erzählen. Dafür muss es Räume und Zeiten geben. So betrachtet ist die Leitung einer Bildungseinrichtung notwendigerweise auch die Organisatorin von Erzählungen und Reflexionen. Aber auch die junge Generation selbst hat etwas erlebt. Als meine afghanischen Schüler mir erzählten, wie sie auf der Landstraße plötzlich von Tiefffliegern ohne Hoheitskennzeichen angegriffen wurden und mit knapper Not dem Tod entkamen, wurde mir schlagartig das Friedensprivileg meiner eigenen Generation klar, zumal mir ganz ähnliche Berichte von meinen Eltern und Großeltern aus dem Zweiten Weltkrieg wieder in den Sinn kamen. Gewiss – nicht alle Einwanderer und

Flüchtlinge können über ihre Erlebnisse sprechen. Eine Schule jedoch, die sich als kultureller Ort anbietet, an dem das Erzählen willkommen ist, gibt nicht nur die Möglichkeit, Erfahrungen zu verarbeiten, sondern auch die Chance, Kriegsmythen zu entzaubern.

7

Streitbare Demokratiepädagogik

Ein Kind, das in Freiheit aufwächst, ohne die Angst, für eine Kritik an Autoritäten bestraft zu werden, und das den Respekt nicht nur vor Fremden, sondern auch vor der fremden Meinung erlernt, hat damit auch ein bestimmtes Quantum an Immunität gegen die totalitäre Verführung bereits erworben. Diese Freiheit kann schon in der Familie erlernt werden, wenn diese das Recht des Kindes respektiert, eine eigene Anschauung von der Welt zu entwickeln, und wenn sie ihm Religion oder Weltanschauung nicht aufzwingt. Demokratie kann dann zu einer selbstverständlichen Lebensform werden und das Leben selbst zu einem freien und friedlichen Konzert vieler verschiedener Stimmen. Wer erst einmal eine Lust daran entwickelt hat, sich seines eigenen Verstandes zu bedienen, dem wird das Ansinnen, sich versklaven zu lassen, nicht verlockend erscheinen. Demokratie ist mit der Unterwerfung des Menschen unter nicht hinterfragbare Autoritäten nicht zu vereinbaren. Das gilt jedoch auch für die pädagogische Autorität. Sie muss aus sich selbst heraus überzeugen und nicht durch Berufung auf das Amt. In allen Einrichtungen für junge Menschen muss Demokratie gelernt und gelebt werden können – auch von solchen Kindern, die nicht den Vorteil hatten, sie schon zu Hause zu erfahren. Demokratie kann das Kind nur durch eigene Erfahrung lernen. Das ist das Credo der Demokratiepädagogik (Dewey 2011). In Kita, Schule, Ausbildungsbetrieb und Hochschule muss allen Verantwortlichen klar sein, dass von ihrem Handeln die Zukunft unserer Demokratie abhängt. Ob die jeweilige Einrichtung das Prädikat »demokratisch« überhaupt verdient, lässt sich durch eine ganze Reihe von Qualitätskatalogen, Wettbewerben und Verfahren überprüfen, die in den Jahren nach der deutschen Wende entwickelt worden sind. Dazu gehören der Deutsche Schulpreis, der schon genannte Katalog Merkmale demokratiepädagogischer Schulen und der beim BLK-Programm »Demokratie lernen und leben« entwickelte Qualitätsrahmen Demokratiepädagogik (QRDP 2007). Auch die internationale Bildungsforschung hat sich – z. B. mit der ICCS-Studie – längst diesem Thema zugewendet (ICCS 2009).

Der Blick der bisherigen demokratiepädagogischen Diskussion in Deutschland und anderswo war bisher auf eine Beziehung zwischen zwei Polen gerichtet. Auf der einen Seite steht der junge Mensch mit seinen Freiheitsrechten und seinem Menschenrecht auf Bildung; auf der anderen Seite steht eine Institution, die dem jungen Menschen bei seiner Persönlichkeitsentwicklung helfen soll, es aber häufig nicht oder nicht ausreichend tut. Die Probleme macht der Staat. Eine kritische öffentliche Debatte über demokratiehemmende Schulstrukturen hat dies in den letzten Jahren zu erhärten versucht. Als große Hindernisse wurden vor allem thematisiert:

7 Streitbare Demokratiepädagogik

- der Mangel an Beteiligungsmöglichkeiten,
- die Chancenungleichheit durch die Gliederung des Schulwesens in Schulformen und
- ein antiquiertes Lernsystem.

Es scheint, dass durch das Aufkommen einer jugendwirksamen neuen Ideologie, wie wir sie im Islamismus erkennen können, diese Zweipoligkeit durch einen weiteren Pol ergänzt werden muss. Die Schulen und anderen Jugendeinrichtungen werden zu einem politischen Kräftefeld, auf dem gesellschaftliche Akteure miteinander und zugleich mit der Institution ringen. Im schlimmsten Fall sind die antidemokratischen Herausforderer gut aufgestellt, die demokratischen Kräfte in der Schulgemeinschaft atomisiert oder eingeschüchtert und die Schulautoritäten ratlos oder ignorant. Eine Machtübernahme ist dann nicht völlig ausgeschlossen. Das kann in einer Jugendeinrichtung, die nicht so stark in einem Korsett von Regelungen steckt wie die Schule, noch leichter geschehen.

Es gehört sicherlich Mut dazu, die Schule auch in diesem Sinne »neu zu denken«. Den Mut brauchen wir, weil es eigentlich unserem pädagogischen Idealbild einer demokratischen Schule widerspricht, dass es in ihrer Schüler- oder Elternschaft auch antidemokratische Fraktionen geben könnte. Es schmerzt uns, dies mitdenken zu müssen. Aber es wäre leichtsinnig, es nicht zu tun. Gerade weil es unser strategisches Ziel sein muss, einen Clash of Civilizations in den pädagogischen Einrichtungen zu verhindern, müssen wir Abwehrstrategien entwickeln und unsere demokratiepädagogische Konfliktbereitschaft überprüfen.

Politische Inklusion

Diese Absicherung schulinterner Demokratie muss jedoch selber allen demokratiepädagogischen Maximen entsprechen, die wir bislang aufgestellt haben. Die wichtigste davon lautet: immer *mit* den Kindern und Jugendlichen. Der Begriff Inklusion bekommt auf diese Weise endlich die politische Werthaltigkeit, die ihm zusteht und ihn aus der rein kompensatorischen Schmuddelecke heraushält.

Die Stärkung demokratischer Haltungen und Abwehrkräfte darf kein Sonderprogramm sein, das am Rande des schulischen Normalbetriebs mitläuft. Sie muss sich im Kernbereich der Einrichtung abspielen. Sie kann zu neuen Formen der Selbstorganisation führen. Unterstützt durch diejenigen jungen Menschen, die die Missionierung und die radikale Agitation als aufdringlich und freiheitsgefährdend erleben, können in der Einrichtung neue Formen des demokratischen Lebens entwickelt werden. Aus der Geschichte der Bekämpfung des Rechtsextremismus wissen wir, wie wichtig es ist, dass die Einrichtung als Ganzes sich auf die Hinterbeine stellt und entschieden »nein« sagt.

Einrichtungen der Bildung und Erziehung gehören zur Kultur. In der Kultur haben Symbole und symbolische Handlungen einen hohen Stellenwert. Eine Organisationsreform kann als Neueröffnung unter anderem Namen eine Zäsur markieren. Die mentale Kraft eines demokratischen Gründungsakts kann gar nicht hoch genug geschätzt werden. Gründungsdiskurse gehören zur Liturgie der Republik. Eine bloße Zeitungsdebatte, wie einst zwischen Hamilton, Madison und Jay, kann als »Federalist Papers« Weltruhm ernten und zum Gründungsimpuls einer neuen Union von Staaten werden (Hamilton/Madison/Jay 2008). Daran muss sich die demokratische Schule auch insofern ein Beispiel nehmen, als sie die Flamme der Diskussion wachhält. Eine demokratische Schule ist permanent im Gespräch. Sie lässt sich nicht einreden, dass Diskussionszeiten verlorene Zeiten sind.

Viele Bildungsstätten machen es so, auch wenn sie vielleicht nicht gerade das soeben genannte monumentale historische Beispiel vor Augen haben. Der feierliche Neubeginn unter einem Regelwerk, das durch die Schulgemeinschaft gemeinsam debattiert und beschlossen worden ist, verschafft der Neugründung eine demokratische Legitimation, auf die sich im Konfliktfall alle berufen können, die daran beteiligt waren. Diese Legitimation »sitzt« umso besser, je solider sie auf einem Wertefundament ruht, dessen Sinn auch von seinen jüngsten Nutznießern erläutert werden kann. So kann sie zu einem Bollwerk gegen totalitäre Freiheitsberaubung werden.

Peer-to-Peer Prevention

Von pädagogischen Profis verwandter Bereiche lässt sich lernen, wie die bei jungen Menschen vorhandenen Potenziale den Gleichaltrigen zugutekommen können. Solche Modelle gibt es in der Gewaltprävention, in der Friedenspädagogik, aber auch in der Demokratiepädagogik – zum Beispiel beim Service Learning (Seifert/Zentner/Nagy 2012). Wünschenswert wäre es, wenn die Prävention ideologischer Radikalisierung ebenso entwickelt wäre. Mit Blick auf den Islamismus liegen bereits erprobte und wirksame Unterrichtsmaterialien vor, die allerdings immer eine sorgfältige methodisch-didaktische Einbettung voraussetzen (Ufuq.de/HAW 2013).

Im Mittelpunkt einer Prävention unter Gleichaltrigen muss die mediale Einflussnahme des Islamismus stehen. Große Bedeutung kommt daher der Unterstützung solcher Bemühungen durch die medienpädagogische Prävention zu. Auch an den Schnittstellen zu internationalen Kampagnen wie der »No Hate Speech Campaign« des Europarats (http://nohate.ext.coe.int) oder des deutschen Projekts no-nazi.net bei der Amadeu-Antonio-Stiftung ist eine Kooperation anzuraten. Lena Müssigmann hat in der »Tageszeitung« (TAZ) dargestellt, wie Schüler/innen in der Schule das Thema Terror erfolgreich zur Sprache bringen können (Müssigmann 2015).

Schul- und Unterrichtsentwicklung in präventiver Absicht

Lehrpläne verstehen sich heute als »Bildungspläne« und setzen den Rahmen für eine Unterrichtsentwicklung, die erst in der Schule konkret wird. Die Schule hat einen Spielraum, um ihr hauseigenes Unterrichtsprogramm zielgruppengerecht auszugestalten. Sie kann dies also auch in präventiver Hinsicht tun. Wirksam werden kann solch ein Ansatz nur, wenn er nicht – als Sonderpunkt – neben dem

»Hauptfahrplan« steht, sondern in allen Fächern und Jahrgängen vorkommt. Zur Routine der Schule sollte gehören, dass jede pädagogische Kraft über folgende Fragen Rechenschaft ablegt:

- Wie kommen in meinem Unterricht die Welt- und Menschenbilder der Beteiligten zur Geltung, und inwiefern müssen sie sich unserer gemeinsamen Reflexion aussetzen?
- Inwiefern bietet mein Umgang mit den Lernenden die Voraussetzungen für einen offenen und unbefangenen Dialog über Demokratie und Menschenrechte?
- Genügt unser Schulcurriculum dem Anspruch des Menschenrechtsuniversalismus und zugleich dem Respekt vor der kulturellen und religiösen Vielfalt von Schülerschaft und Eltern?
- Welche Mittel und Verfahren wende ich an, um im Konflikt eine persönliche Ausgrenzung derjenigen Lernenden zu vermeiden, die totalitäre Denkansätze äußern?
- Wo werden, wenn die Zeit nicht ausreicht, jenseits der Unterrichtsstunde solche Denkansätze weiter im Diskurs erörtert?
- Inwiefern sind unsere Fachcurricula in ihrer Themenwahl, ihrer Stoffaufbereitung und ihrer Methodik demokratieförderlich?

Ein gutes Schulcurriculum ist von hohem Wert, kann jedoch ein positives Schulklima nicht ersetzen. Zur Schülerwirklichkeit gehört oft das Erleben einer Schule, in der es – im ständigen Wechsel – menschlich angenehme und unangenehme Situationen gibt. Ist die pädagogische Zuwendung nur zeitweilig und unsicher, kann sich ein festes Vertrauen schülerseitig nicht entwickeln – schon gar nicht zur Schule insgesamt. Man kann eine Lehrperson mögen und dennoch die Schule als Ganzes nicht. Deshalb sind im Monitoring alle Verfahren so bedeutsam, die die Schulzufriedenheit so differenziert wie möglich erkunden. Eine Schule, die in dieser Kernfrage zaudert oder gleichgültig bleibt, kann der destruktiven Kraft, die von einem politischen oder religiösen Fanatismus ausgeht, nicht standhalten. Kluge Schulen stellen sich daher gut auf, lange bevor sie mit einer solchen Gefahr konfrontiert sind.

8

Häufig gestellte Fragen – und ein Versuch, sie zu beantworten

Woran kann ich einen Islamisten erkennen?

Islamisten sind Menschen wie du und ich. Manche tragen einen Kinnbart, andere lassen das lieber. Es gibt keine sicheren Zeichen oder Merkmale. Religiöse Stile werden wie alle anderen letztlich vom Markt absorbiert …

Nun mal im Ernst, lieber Fragesteller: Radikalisierungsprävention lässt sich nicht auf einen Satz Goldener Regeln reduzieren. Wir sollten uns auch gar nicht wünschen, dass der Pädagoge mit einem Steckbrief in der Hand auf dem Schulflur Ausschau hält. Uns interessiert nicht das Böse in seinem Endzustand, sondern die schädliche Entwicklung. Wir wollen – metaphorisch gesprochen – die Krankheit bekämpfen, um den Patienten zu retten. Das gebietet das pädagogische Ethos. Außerdem beschwören wir sonst die Gefahr herauf, dass Bartträger, die zwar schrecklich aussehen, aber harmlos sind oder gar zum Kollegium gehören, in unser Fahndungsraster geraten. Zu den Erscheinungsformen des Islamismus ist in Kapitel 2 bereits einiges gesagt worden. Die Frage müsste also vernünftigerweise lauten:

Woran kann ich eine religiöse Radikalisierung bei Jugendlichen erkennen?

Darin, dass die Heiterkeit einem »heiligen« Ernst weicht, der teilweise melancholische Züge annehmen kann, und dass das Denken zunehmend um die Religion kreist. Nichtreligiöse Welterklärungen werden zurückgewiesen oder sogar verdammt. Die Übernahme der Regeln einer fundamentalistischen Lebensordnung zeigt sich oft, aber nicht immer im Äußeren. Der Radikalismus schlägt sich in einer Kompromisslosigkeit nieder. Dazu gehört auch die Verweigerung einer Gegenperspektive, sei es bei der Bearbeitung einer Aufgabe, im Streitgespräch oder im Darstellenden Spiel. Fremdpositionen werden als Angriff auf die eigene Religion gedeutet. Die Welt wird in Gut und Böse eingeteilt, und zwar immer aufgrund des Religionskriteriums. Ein bedenkliches Zeichen ist, wenn nach einer Phase der Redseligkeit und des Eifers der junge Mensch verstummt und den Dialog abbricht. Im Übrigen siehe Kapitel 3.

Wann rufe ich die Polizei?

Wenn keine unmittelbare Gefahrenabwehr (wie bei einer Gewaltbedrohung) notwendig ist, sollte von individuellen Schnellschüssen und Spontanhandlungen abgesehen werden. In der pädagogischen Einrichtung muss es Verfahrensstandards und Melderoutinen geben, die von allen eingehalten werden. Die Information externer Stellen darf nicht an der Leitung vorbei erfolgen. Die Erfahrung zeigt, dass pädagogische Kräfte dort leichter dazu neigen, nach der Polizei zu rufen, wo eine eigene sichere Expertenschaft im Umgang mit einem

Vorfall fehlt. Die Einrichtung muss daher ihren Ehrgeiz darin setzen, möglichst viel Kompetenz zu entwickeln, um das Gros der Fälle selber erfolgreich bearbeiten zu können. Bei der Einschaltung von externen Präventionsfachleuten verstreicht fast immer wertvolle Zeit. Eine Liste mit Falltypen, abgestuft nach Deliktschwere, finden Sie im Materialteil (III, »Problemstellungen und Lösungswege«). Diese Liste kann dem Aufbau von Verfahrens- und Meldestandards als Beispielsammlung aus der Praxis dienen.

Wo ist die Grenze zwischen freier Meinungsäußerung und radikaler Agitation?

Das lässt sich situationsunabhängig nicht festlegen. Unterricht und Spiel bieten dem jungen Menschen die Möglichkeit, sich auszuprobieren. Dazu gehört eine spontane, unbedachte Äußerung. Wir sind im Klassenraum nicht beim Notar. Jugendliche müssen in einer lebendigen Debatte Grenzen austesten können. Dazu gehört auch die Möglichkeit, sie zu überschreiten. Lehrkräfte, die selber unsicher sind und sich vor politischen Kontroversen fürchten, neigen dazu, vorschnell zu »deckeln«. Zu diesem Problem sollte Fortbildung angeboten werden. Den Fachschaften ist zu empfehlen, Diskursregeln für das Unterrichtsgespräch aufzustellen. An ihre Verletzung sollten Sanktionen geknüpft werden. Deren Anwendung sollte jedoch mit der Lerngruppe konsensual abgesprochen werden. Noch fundierter ist das demokratische Zusammenleben, wenn die Diskursregeln mit den Kindern und Jugendlichen entwickelt werden. Hier kann man von der Kita-Erziehung und der offenen Kinder- und Jugendarbeit viel lernen.

Jenseits dieses weiten Spielraums, den uns die Pädagogik zum Glück bietet, sollte für Fälle mit klarem Sanktionsbedarf – ein Schüler bekennt sich explizit zum IS oder rechtfertigt Mord und Terror – vorab Klarheit darüber herrschen, wie der Verstoß geahndet wird. Hier gilt, was oben über die Nachjustierung der Schulregeln bereits gesagt wurde. Für Propagandadelikte islamistischer Art sollten dieselben »Preise« gelten wie bei allen Formen des Extremismus.

Wann müssen die Sicherheitsbehörden eingeschaltet werden?

Bei Verdacht auf Straftaten politisch motivierter Kriminalität oder wenn eine Gefahrenabwehr notwendig scheint, müssen pädagogische Einrichtungen mit Polizei und Verfassungsschutz zusammenarbeiten. Beispiel dafür ist die Absicht, in Bürgerkriegsgebiete auszureisen und sich am bewaffneten Kampf zu beteiligen. Die Unterstützung einer terroristischen Vereinigung durch Werbung oder Propaganda ist ein erhebliches Strafdelikt. Da es im pädagogischen Milieu bekanntlich große Reserven gegen eine solche Zusammenarbeit gibt, sei hier betont: Schulen und Jugendeinrichtungen stehen nicht außerhalb des Rechtsstaats. Sie haben nicht die Freiheit, über die Meldung einer Straftat oder der Absicht, sie zu begehen, zu entscheiden. Aus den Enthüllungen über sexuelle Gewalt in pädagogischen Institutionen wissen wir heute, wie stark die Tendenz sein kann, dort begangene Straftaten zu verschleiern. Wir haben erlebt, wie sich pädagogische Einrichtungen als rechtliche Sonderzonen definiert haben. Die pädagogische Einrichtung muss daher solide Standards entwickeln und verbindlich anwenden, um sich nicht mitschuldig zu machen. Werden einer pädagogischen Bezugsperson Aktivitäten eines jungen Menschen *außerhalb* der Einrichtung bekannt, die in den Bereich politisch motivierter Delinquenz fallen, so sind sie ebenfalls zur Kooperation verpflichtet. Dies ist – wie bei Gewaltvorfällen oder Suchtdelikten – auch eine Sache der pädagogischen Rollenklarheit. Ein pädagogisches Vertrauensverhältnis zum Nachteil des Rechtsstaats und der Öffentlichkeit darf es nicht geben.

Können Kulturmittler und islamische Fachleute helfen?

Es ist immer sinnvoll, mit Profis im Feld zusammenzuarbeiten. Wir müssen jedoch die Frage nach den erforderlichen Kompetenzen vorab genau stellen. Es ist nach aller Erfahrung nicht sinnvoll, einen ausgewachsenen Jungradikalen mit einem alten Imam zu konfrontieren und sich von einem Religionsgespräch zwischen beiden eine Deradikalisierung zu erhoffen. Auch bei der Auswahl der Gesprächspartner sollte man – wie überall – genau hinschauen. Die muslimischen Verbände wissen, dass es in den eigenen Reihen auch schwarze Schafe gibt. Sie sagen dies sogar öffentlich – was für ihre Seriosität spricht. Dennoch ist die Begegnung von Jugendlichen mit einer religiösen Autorität, die authentisch einen friedlichen Islam verkörpert und zu vermitteln imstande ist, von großem Wert. Der Überzeugungsprozess, der sich in der Begegnung abspielt, betrifft vor allem die noch nicht Radikalisierten. Diese können sich bei einem solchen Gedankenaustausch ein eigenes Bild machen, das dann – bei der späteren Ansprache durch die Radikalen – eine Überprüfung der kämpferischen Doktrin ermöglicht. Interreligiöse Bildung kann so zu einer entscheidenden Voraussetzung für eine Radikalisierungsresistenz werden. Eine Erkenntnis der interkulturellen Erziehung ist, dass unbehandelte Fremdheit zum Nährboden für Vorurteile und Ressentiments werden kann. Bildung bedeutet eigentlich nichts anderes, als Fremdes zu erschließen und sich dabei selbst zu verändern. Sie ist, nach Hegel, Selbstentfremdung des Geistes (Hegel 1970, S. 359).

Literatur

Arendt, H. (1986). Elemente und Ursprünge totaler Herrschaft. München (Piper) 1986.
BayVerwG (2014). Beschluss des Bayerischen Verwaltungsgerichtshofs in der Sache Hamad. Freistaat Bayern 7.CS 13.2592 und 7 C 13.2593.
BIE (2013). Beratungsstelle Interkulturelle Erziehung: Vielfalt in der Schule. Hrsg.: Landesinstitut für Lehrerbildung und Schulentwicklung. Hamburg 2013.
Beutel, W. (2014). Demokratiepädagogik und Schulreform. Schwalbach/Ts. 2014.
Bpb (2013). Bundeszentrale für politische Bildung: Salafismus in der Demokratie. Entscheidung im Unterricht. Nr. 2.12. Bonn 2013.
Dantschke, C. (2014). »Da habe ich etwas gesehen, was mir einen Sinn gibt.« – Was macht Salafismus attraktiv und wie kann man diesem entgegenwirken? In: Said, B.T. und H. Fouad (2014). Salafismus. Auf der Suche nach dem wahren Islam. Bonn 2014.
Dantschke, C. u. a. (2011). »Ich lebe nur für Allah«. Argumente und Anziehungskraft des Salafismus. Eine Handreichung für Pädagogik, Jugend- und Sozialarbeit, Familien und Politik. Zentrum Demokratische Kultur, Berlin 2011.
Dewey, J. (2011). Demokratie und Erziehung. Eine Einleitung in die philosophische Pädagogik. Weinheim 2011.
EDC Charter (2010). Council of Europe Charter Education for Democratic Citizenship and Human Rights Education. Strasbourg 2010.
Edelstein, W. (2014). Kompetenzen für die Zivilgesellschaft. In: W. Edelstein: Demokratiepädagogik und Schulreform. Schwalbach/Ts. 2014. S. 49–63.
Edler, K. (2007). Pädagogik in unfriedlicheren Zeiten. KOMMUNE – Forum für Politik, Ökonomie und Kultur. Nr. 3/2007.
El-Gayar, W./Strunk, K. (2014). Integration versus Salafismus. Identitätsfindung muslimischer Jugendlicher in Deutschland. Schwalbach/Ts. 2014.
EUMGH (2014). European Court of Human Rights. Case of S.A.S. v. France Application no. 43835/11. Judgement, Strasbourg 1 July 2014.
Fauser, P./Prenzel, M./Schratz, M. (Hrsg.) (2008). Was für Schulen! Profile, Konzepte und Dynamik guter Schulen in Deutschland. Stuttgart 2008.

Literatur

Hamilton/Madison/Jay (2008). The Federalist Papers. New York 2008.

Hegel, G.W.F. (1970). Phänomenologie des Geistes. Werkausgabe Bd. 3. Suhrkamp: Frankfurt/M. 1970.

Heinsohn, G. (2008). Söhne und Weltmacht. Terror im Aufstieg und Fall der Nationen. München 2008.

Herding, M. (2013). Radikaler Islam im Jugendalter. Erscheinungsformen, Ursachen und Kontexte. Halle 2013.

Himmelmann, G. (2005). Demokratie Lernen: als Lebens- Gesellschafts- und Herrschaftsform. Schwalbach/Ts. 2005.

Hirschmann, K. (2006). Weltweiter Kampf unter einer gemeinsamen Idee: Die Systematik des Dschihadismus. In: Rosenzweig/Eith (Hrsg.): Islamistischer Terrorismus. Schwalbach/Ts. 2006.

Huntington, S. (1997). The Clash of Civilizations and the Remaking of World Order. New York 1997.

Husain, E. (2007). The Islamist. Why I joined radical Islam in Britain, what I saw inside and why I left. London 2007.

ICCS (2009). International Association for the Evaluation of Educational Achievement: International Civic and Citizenship Education Study. Hamburg 2009.

Juergensmeyer, M. (2009). Die Globalisierung religiöser Gewalt. Von christlichen Milizen bis al-Qaida. Bonn 2009.

Kant, I. (1974). Beantwortung der Frage: Was ist Aufklärung? In: Ehrhard Bahr (Hrsg.): Was ist Aufklärung? Thesen und Definitionen. Stuttgart 1974. S. 9–17.

Kiefer, M. (2014). Dialog als Methode der Radikalisierungsprävention – Das Modellprojekt »Ibrahim trifft Abraham«. In: Wael El-Gayar/Katrin Struck (Hrsg.): Integration versus Salafismus. Identitätsfindung muslimischer Jugendlicher in Deutschland. Schwalbach: Wochenschau Verlag, 2014. S. 125–138.

Landesinstitut (2013). Merkmale demokratiepädagogischer Schulen: Ein Katalog. Hamburg 2. Aufl. 2013.

Lempp, R. (2003). Das Kind im Menschen. Über Nebenrealitäten und Regression – oder: Warum wir nie erwachsen werden. Stuttgart 2003.

Maalouf, A. (2000). Mörderische Identitäten. Frankfurt/M. 2000.

MIK NRW (2014). Analyse der den deutschen Sicherheitsbehörden vorliegenden Informationen über die Radikalisierungshintergründe und -verläufe der Personen, die aus islamistischer Motivation aus Deutschland in Richtung Syrien ausgereist sind. Presseinformation, Düsseldorf 2014.

Moussaoui, A.S. (2002). Zacarias Moussaoui, mein Bruder. Pendo-Verlag, Zürich 2002.

Müller, J./Nordbruch, G./Ünlü, D. (2014). »Wie oft betest Du?« Erfahrungen aus der Islamismusprävention mit Jugendlichen und Multiplikatoren. In: Wael El-Gayar/Katrin Struck (Hrsg.): Integration versus Salafismus. Identitätsfindung muslimischer Jugendlicher in Deutschland. Schwalbach: Wochenschau Verlag, 2014. S. 147–161.

Müssigmann, L. (2015). Lasst uns über Terror reden. Die Tageszeitung 18.02.2015, S. 18.

Pottmeyer, M. (2011). Religiöse Kleidung in der öffentlichen Schule in Deutschland und England. Staatliche Neutralität und individuelle Rechte im Rechtsvergleich. Tübingen 2011.

QRDP (2007). G. de Haan/W. Edelstein/A. Eikel: Qualitätsrahmen Demokratiepädagogik. Weinheim 2007.

Qutb, S. (o. J.). Milestones. Damascus o. J.

Reinhardt, S. (2005). Politik-Didaktik. Praxishandbuch für die Sekundarstufe I und II. Berlin 2005.

Said, B.T. (2014). Islamischer Staat. IS-Miliz, al-Qaida und die deutschen Brigaden. München 2014.

Said, B.T./Fouad, H. (2014). Salafismus. Auf der Suche nach dem wahren Islam. Bonn 2014.

Schiffauer, W./Baumann, G./Kastoryano, R./Vertovec, S. (2002). Staat – Schule – Ethnizität. Politische Sozialisation von Immigrantenkindern in vier europäischen Ländern. Berlin 2002.

Schultz von Thun, F. (2010). Miteinander reden 1. Störungen und Klärungen. Allgemeine Psychologie der Kommunikation. Reinbek 2010.

Seifert, A./Zentner, S./Nagy, F. (2012). Praxisbuch Service-Learning. »Lernen durch Engagement« an Schulen. Mit Materialien für Grundschule und Sekundarstufe I. Weinheim 2012.

Sirseloudi, M. (2008). Zwischen Assimilation und Abgrenzung. Die Bedeutung der Religion für die Identität der türkischen Diasporagemeinschaft in Deutschland. In: Bernd Oberdorfer/Peter Waldmann (Hrsg.): Die Ambivalenz des Religiösen. Religionen als Friedensstifter und Gewalterzeuger. Freiburg 2008. S. 289–314.

SPIEGEL (2015). Der Terror der Verlierer. Warum junge Männer Europa den Krieg erklären. Nr. 4/17.1.2015.

Staatsvertrag FHH/Muslime (2012). http://www.hamburg.de/pressearchiv-fhh/ 3551764/2012-08-14-sk-vertrag/

Steinberg, G. (2014). Al-Qaidas deutsche Kämpfer. Die Globalisierung des islamistischen Terrorismus. Hamburg 2014.

Tocqueville, A. (1961). De la Démocracie en Amérique. 2 Bde. Paris 1961.

Topçu, Ö. (2014). Ist das unser Islam? Warum so viele Muslime schweigen, wenn ihre Religion missbraucht wird. In: DIE ZEIT Nr. 38/2014, 11.09.2014, S. 2.

Ufuq.de/HAW (2013). Verein Ufuq.de und Hochschule für Angewandte Wissenschaften Hamburg: »Wie wollen wir leben?« Filme und Methoden für die pädagogische Praxis zu Islam, Islamfeindlichkeit, Islamismus und Demokratie. Hamburg 2013.

Der Autor

Nach fast dreißig Jahren Unterricht in Deutsch, Politik, Philosophie und Ethik an Hamburger Schulen leitete der Autor von 2004–2015 das Referat Gesellschaft am Landesinstitut für Lehrerbildung und Schulentwicklung. Fachlicher Schwerpunkt war dabei der Einfluss totalitärer Ideologien auf Jugendliche. Für die Hamburger Schulbehörde arbeitete er im Beratungsnetzwerk gegen Rechtsextremismus mit und hat das Netzwerk Prävention und Deradikalisierung in Hamburg mit aufgebaut. Er ist seit 2008 Bundesvorsitzender der Deutschen Gesellschaft für Demokratiepädagogik. Im Auftrag der Kultusministerkonferenz ist er als deutscher Koordinator im Europarats-Programm »Education for Democratic Citizenship and Human Rights« tätig und berät u. a. die Bundeszentrale für politische Bildung in Fragen der Islamismus-Prävention.

Materialien

I

Gesprächserinnerungen

Der Radikale und der Hodscha

In einer Gegend unserer Stadt, die weder in den Kulturführern noch in der polizeilichen Kriminalstatistik eine besondere Rolle spielt, besuche ich eine Schulleiterin, die mir ein Gespräch mit einem ihrer Oberstufenschüler ermöglichen will, weil sie sich Sorgen um ihn macht. Er sei »so radikal geworden«. Edris stammt aus einer afghanischen Familie und ist in Hamburg aufgewachsen. Er ist gerade achtzehn geworden und hält, weil es der letzte Schultag vor den Sommerferien ist, das Zeugnis des vorletzten Jahrgangs vor dem Abitur in der Hand. Die Schulleiterin hat zu dem Gespräch auch Herrn B., den Hodscha der nahen muslimischen Gemeinde eingeladen, weil dieser den Schüler kennt und eigene Kinder auf der Schule hatte.

Frau L. bittet Edris zu sich in das Schulleiterzimmer. Er nimmt Platz. Ich werde ihm vorgestellt. Der Hodscha, ein freundlicher älterer Herr mit einer sanften Stimme, versucht den Blickkontakt mit dem Jungen. Die Schulleiterin erläutert den Anlass des Gesprächs. Man mache sich Sorgen um ihn und seine Entwicklung. Edris hört unwillig zu und sagt, dass er nicht mit uns sprechen möchte. Frau L. und ich bieten ihm an, das Gespräch nur mit Hodscha B. zu führen. Dieser möchte es jedoch lieber gemeinsam mit uns veranstalten und bittet Edris, sich darauf einzulassen. Ich weise mich aus und erläutere ausführlicher meine Anwesenheit. Es gehe darum, dass in Hamburg verstärkt junge Menschen für den Dschihad in Syrien und im Irak angeworben würden, und unsere Aufgabe als staatliche Einrichtung sei es, sie davor zu schützen. Es seien schon mehrere junge Leute aus Hamburg im Bürgerkrieg umgekommen. Der Hodscha unterstützt mich durch entsprechende Warnungen.

Edris schweigt, wirkt jedoch während unserer einführenden Bemerkungen hoch angespannt. Er rutscht auf dem Stuhl hin und her, blickt entnervt zur Decke, wendet den Kopf ab oder vergräbt ihn in den Händen. Er bewegt seine Lippen lautlos, während wir reden, als wäre er zugleich in einem inneren Monolog. Herr B. bittet ihn, etwas zu unseren Befürchtungen zu sagen. Ich wage eine kleine Provokation und spreche von den 150-prozentigen Jugendlichen, die in ihr Verderben rennen, weil sie in ihrem Alter noch keine Möglichkeit haben, ihre Überzeugung an eigenen Erfahrungen zu überprüfen. Deshalb griffen ja auch alle totalitären Führer bei ihren Kriegen auf blutjunge Soldaten zurück und nicht auf Fünfundvierzigjährige.

Dies reizt Edris offenbar zur Erwiderung. Er fragt, warum wir überhaupt eine Gefahr darin sähen, dass jemand im Dschihad umkomme. Dann kommt er endlich aus sich heraus und beginnt einen langen, stockenden Monolog, der wohl fast eine halbe Stunde dauert. Er spricht verhalten kanak, gewürzt mit frommen Formeln, und blickt dabei die Schulleiterin, den Hodscha und mich fast nie an, sondern wendet den Blick ins Weite und wirkt dabei extrem unter

Strom. Ich bin sehr froh, dass er redet, und halte mich mit Zwischenfragen fast völlig zurück, weil ich befürchte, dass der dünne Faden zwischen uns, kaum geknüpft, gleich wieder reißen könnte. Was nun zutage tritt, ist ein missionarischer Eifer verbunden mit einem erkennbar geschlossenen Welt- und Feindbild. Der 18-Jährige hält dem 58-jährigen Hodscha und dem 64-jährigen Studiendirektor eine Predigt über den wahren Islam. Dieser sei keineswegs nur Spiritualität. Der Koran enthalte alles Recht, was der Mensch zum Leben brauche. Das gelte auch für die Regeln des Zusammenlebens in der Schule. Auf meine vorsichtige Nachfrage bestätigt er: Wenn man den Koran richtig studiere, brauche man kein Leitbild. »Salafismus« und »Islamismus« gebe es gar nicht; das seien Erfindungen eines verlogenen Systems. Dass Muslime im Nahen Osten sich gegenseitig töten, geschehe deshalb, weil der Westen sie dazu anstachle. Religion und Rationalität seien kein Gegensatz, sondern im Einklang miteinander. Gott habe dem Menschen Vernunft gegeben, damit er seine Botschaft verstehen könne. Seine Existenz offenbare sich überall in den Gegebenheiten der Natur. (Dazu macht Edris lange naturdeutende Ausführungen.) Selbstverständlich hätten Juden und Christen auch unter einem Kalifat ein Lebensrecht; mit ihnen habe es seit alters her Verträge seitens der Muslime gegeben. Edris ist rhetorisch trainiert und nimmt wichtige Argumente gegen seine Weltanschauung vorweg, bevor sie überhaupt jemand geäußert hat.

Zum Schluss fragt Edris mich, ob ich die Botschaft verstanden hätte und nun bereit sei, mich zum Islam zu bekennen. Das müsse ich jedoch selber entscheiden. Aber ich wisse ja, was demjenigen geschehe, der die Botschaft verschmähe.

Mir ist die Seltenheit dieser Erfahrungsmöglichkeit zu sehr bewusst, als dass ich mich auch nur eine Sekunde darüber aufregen könnte, dass hier ein Junge einem alten Lehrer nach kurzer Missionierung mit der Hölle droht. Eher muss ich mir meine Amüsiertheit über diese grenzenlose Anmaßung verkneifen. Nun aber wird es richtig ernst, weil Hodscha B., den es kaum noch auf seinem Stuhl hält, zu einer emotionalen Widerrede gegen die Ausführungen des zornigen jungen Mannes ansetzt. Und in dieser Widerrede veranschaulicht sich für mich, den Zuhörenden, die ganze Hilflosigkeit der alten frommen Muslime gegenüber den jungen Radikalen. Herr B. bittet Edris inständig, zur Gemeinde zurückzukehren. Er sei doch schon so lange nicht mehr dort gewesen. Er lädt ihn ein, wieder zu seinen Predigten zu kommen. Er erzählt lang und umständlich heilige Geschichten von Zwietracht und Einheit, von Krieg und Frieden, und von dem, was Dschihad eigentlich bedeute: nämlich die innere Anstrengung, sich vom Bösen fernzuhalten. Die Beteiligung an einem Krieg, in dem jeder einfach nur noch jeden abschlachte, lasse sich nie und nimmer mit dem Islam rechtfertigen.

Ich beobachte Edris. Er windet sich auf seinem Stuhl vor Widerwillen gegen diese Auslegung, und sein Mienenspiel geht zwischen Herablassung, Langeweile und Ablehnung hin und her. Oft schüttelt er den Kopf. Die Mahnungen und Überzeugungsversuche des Hodschas perlen an ihm ab. Die Einladung in die Gemeinde nimmt er nicht an. Er schüttelt nur stumm den Kopf.

In der Auswertung unter vier Augen berichtet die Schulleiterin, dass der Radikalisierungsprozess schon vor zwei Jahren begonnen habe. Mittlerweile gerate Edris mit Mitschülern wegen seiner Ansichten oft in Konflikt. Ich erwidere, dass er offenbar politisch, theologisch und rhetorisch so gut geschult sei, dass ich es für unwahrscheinlich hielte, dass er dieses Stadium ganz ohne Zutun anderer erreicht habe.

Dennoch bleiben viele Fragen offen – so besonders die praktische und höchst prekäre, ob der junge Mann etwa selber Ausreiseabsichten hegt. So beredt er auch ist, über seine Person oder seinen Hintergrund verliert er kein Wort. Das Angebot, mit mir in Kontakt zu bleiben, lehnt er ab. Zu einem weiteren Gespräch sei er nicht bereit. Wenn ich jedoch Fragen zum Islam hätte, könne ich mich ja melden.

Ich werde ihn wohl nicht wiedersehen. In der vorliegenden Gesprächserinnerung habe ich ihm den Decknamen Edris gegeben. So hieß ein junger Afghane, der als Flüchtling aus dem sowjetischen Afghanistankrieg einst in einer Auffangklasse bei mir Deutsch lernte, von der ersten Lektion an. Er sog alles ein und machte nach einem

Jahr den Hauptschulabschluss. Ich hatte in dieser Klasse noch ein zweites Fach: Politik. Was diesen Edris und seine Freunde vom Wohnschiff in Altona damals am meisten interessierte, war das Grundgesetz und mit ihm die Begründung der Freiheit. Wenn es zum Ende der Unterrichtsstunde klingelte, bat mich die Klasse, weiterzumachen. Ein Hunger nach politischer Aufklärung über Freiheit und Menschenrechte war zu spüren.

Das war vor zwanzig Jahren. Was hätten der Edris von damals und der heutige sich wohl zu sagen, wenn sie sich träfen?

Sinnsuche auf dem Steindamm

Am letzten Tag vor den Frühjahrsferien fahre ich zu einem Schultermin in eines der schönsten Bürgerviertel Hamburgs. Er findet nur zweihundert Meter entfernt von der Villa statt, in der ich 1970 als Student einen Kellerraum bewohnte, für hundert Mark, feucht und dunkel, aber immerhin mit separatem Eingang, bei einem freundlichen Unternehmerehepaar. Mein Lektürehorizont spannte sich etwa zwischen Marx und Mao, und die Bücher, die ich neben dem langweiligen Studienpensum las, diskutierte ich mit Kommilitonen in selbstorganisierten Gruppen, abseits von jenem universitären Seminarbetrieb, in dem wir unwillig den Vorlesungen unserer Professoren lauschten, um ihnen bei passender und unpassender Gelegenheit zu widersprechen. Meine feuchte, kalte Bude war mir gleichgültig. Ich führte ein ziemlich deduktives Leben, dessen Reiz zu nicht unwesentlichen Teilen darin bestand, lebende Autoritäten mit Zitaten von nicht mehr lebenden zu erschüttern.

All dies geht mir durch den Kopf, als ich mich der beruflichen Schule nähere, in der mich eine Beratungslehrerin und eine Klassenlehrerin erwarten. Die beiden Jugendlichen, die mir vorgestellt werden, sind sechzehn und siebzehn, also nur wenig jünger als ich damals. Ich bin äußerst konzentriert und gespannt. Wann je wieder werde ich eine solche Gelegenheit haben? Immer habe ich, als Lehrer, jenes unglaubliche Privileg genossen, mit der jungen Generation über entscheidende Fragen des Daseins sprechen zu dürfen. Jetzt ist es das Privileg, sogar an einer fremden Schule, als Gast, heiße Themen anzuschneiden. Ich stelle mich vor und sage: »Ich bin kein Polizist, ich bin auch nicht von der Schulbehörde. Ich bin Lehrerfortbildner und habe daher Schülern nichts zu sagen. Das Gespräch wird keine Nachteile für euch haben. Ich bin euch sehr dankbar; denn ohne solche Gespräche komme ich in meiner Arbeit nicht weiter.« Und dann nenne ich den Grund – dass sich ihre Lehrerinnen Sorgen machten um die Zukunft der beiden, dass sie sich so zurückzögen ... und dann eben die Sache mit der Religion. »Wir sind besorgt, weil in letzter Zeit immer öfter junge Leute, die sich für den Islam interessieren, angeworben werden, um in Syrien oder anderswo mitzukämpfen. Und einige von ihnen sind inzwischen tot.«

E. und T. wirken bei dieser Einleitung erleichtert. Sie hatten gedacht, ich wolle ihnen Vorhaltungen wegen ihrer schlechten schulischen Leistungen machen. T. hat sein Praktikum verhauen, weil er mehrmals zu spät kam. Die beiden sind in einer »Maßnahme« der beruflichen Integration für Jugendliche ohne Schulabschluss. Das zeitliche Ende der Maßnahme ist absehbar, ein positives Ergebnis eher nicht. Die Ungeduld von T.s Klassenlehrerin ist unüberhörbar. Es ist offensichtlich, dass die beiden Heranwachsenden ihre Leistungsbereitschaft selber negativ einschätzen. Das muss man ihnen wirklich nicht sagen; schon gar nicht vor einem Fremden. Sie wirken auf mich in dieser Hinsicht resigniert. Ich versuche, den leicht vorwurfsvollen pädagogischen Dauerton aus dem Gespräch zu verbannen und komme vorsichtig auf den Grund meines Erscheinens zurück.

E. und T. sollen erst einmal von sich erzählen. Beide haben türkische Wurzeln, sind in Hamburg geboren und kommen aus einem ganz anderen Stadtteil jeden Morgen in diese Schule. T. träumt davon, Handwerker zu werden; E. möchte nach Marokko gehen, um sich dort zum islamischen Geistlichen ausbilden zu lassen. »Braucht man dafür denn kein Abitur?«, fragt seine Lehrerin skeptisch. Nein, lautet die Antwort, das sei bei den Muslimen eben anders.»Aber Arabisch musst du lernen, nicht wahr?« Ja, und das habe er auch schon angefangen. »An der Schule?« Nein, in so Kursen. Kurse? Wo denn? Nein, eine Moschee sei das nicht, sondern so ein islamisches Zentrum. Und dann sagt E. auch genauer, wo: am Steindamm. Bei diesem Straßennamen klingeln für Eingeweihte in Hamburg meistens die Alarmglocken.

»Ich finde es ja großartig, wenn sich junge Menschen für die elementaren Fragen des Daseins interessieren«, knüpfe ich wieder an. »Wenn ihr praktizierende Muslime seid, dann habt ihr ja sicher auch *eure* Moschee und *euren* Imam?« Nein, so lautet die Antwort. Man gehe mal hierhin, mal dorthin. Das sei halt anders als bei den Christen. Die Beratungslehrerin wirft mir einen stummen Blick zu.

Im Gespräch wird trotz vorsichtiger Nachfragen nicht deutlich, was für eine Einrichtung auf dem Steindamm gemeint ist. Ich bleibe behutsam. Schließlich ist unser Dialog keine Vernehmung. Aber dennoch wird klar: Die Veranstaltungen, an denen E. und T. teilnehmen, betreffen alle Fragen des Lebens. Es ist keine schlichte Koranschule, die sie frequentieren, und es geht nicht nur ums Arabisch-Lernen.

»Sagt euch der Name Hizb ut-Tahrir etwas?« Ja, kennen sie. Aber sie selber hielten sich da raus. Sie wüssten aber Leute, auch Freunde, die dort seien. Dann kommt ein beschwichtigendes Argument, das ein wenig zurechtgezimmert klingt: Gruppen würden den Islam spalten, deshalb sollte man sich da nicht hineinbegeben. Aber angesprochen worden seien sie von der Organisation schon. Man könne aber »nein« sagen.

Und dann kommt das eigentlich Interessante. Die Apathie meiner jungen Gesprächspartner weicht. Sie erklären gern, was beim Islam das Wichtige ist. Ganz viel gehe es um Werte und das richtige Leben. Die Eloquenz, mit der sie mir das vermitteln, steht im Kontrast zu der Unbeholfenheit der ersten halben Stunde, die wir verbringen. Ich spüre die Wissbegierde und den Stolz, ein großes System zu vertreten und erklären zu können.

Das gilt besonders für E., der in seinem Anorak anfangs vor mir auf seinem Stuhl hockt wie ein alter Mann, vornübergebeugt, stockend in seinen Äußerungen und unsicher. Zu Hause sprechen sie nur Türkisch, sagt er. »Dann bist du ja zweisprachig, das ist doch schon mal ein Trumpf, für die Zukunft.« »Ja«, erwidert er, »aber Türkisch interessiert mich nicht. Ich will Arabisch lernen.« Er fügt hinzu, seine Eltern wollten beide irgendwann nach Hause zurück, in die Türkei. Aber er nicht.

»Habt ihr denn hier in der Schule auch Gespräche über Religion, über Werte des Lebens?«, frage ich. Die Antwort habe ich befürchtet. Sie lautet kategorisch: nein, mit niemandem, nein, auch im Unterricht nicht. Sie sind halt in einer »Maßnahme«, und da geht es nur um Berufsvorbereitung. Die anderen in der Klasse seien ganz nett, man werde nicht unfreundlich behandelt. Aber über solche Fragen – nein, darüber gebe es auch in den Pausen keine Unterhaltung.

Als ich nach dem Gespräch die Schule verlassen will, komme ich wieder am Schulbüro vorbei. Es ist eigentlich ein sauberes, lichtvolles Gebäude. Im Empfangsbereich stellt die Schule stolz ihre Leistungskennziffern nach ISO-Standards dar, auf einer großen Schautafel.

Ich denke an das, was mir E. und T. gerade erzählt haben, und schaue mir den Bereich nochmal genau an. Nein, in der Tat, etwas Entscheidendes fehlt. Um das Transzendentale, um den Sinn des Lebens geht es hier nicht. Den suchen die beiden nach dem Unterricht – auf dem Steindamm.

Nihal ist nicht mehr hier

Es gibt dienstliche Gespräche, zu denen man ohne Protokollbuch gehen kann, weil man schon vorher weiß, dass sie sich dem eigenen Gedächtnis einprägen werden. An einem Mittag im letzten Oktober fahre ich über die Elbbrücken Richtung Süden, um einen Termin bei einem Schulleiter wahrzunehmen. In seinem Büro sitzen drei

Oberstufenschülerinnen um den Konferenztisch. Jede von ihnen trägt ein prächtiges buntes Gewand, das nur Gesicht und Hände freilässt. Alle drei sind verweint und schauen betrübt vor sich auf den Tisch. Ich stelle mich vor, und der Schulleiter bittet sie, ihre Geschichte zu erzählen. Es geht um Nihal, ihre beste Freundin. Sie ist weg, nach Raqqa in Syrien. Den Mädchen fällt es schwer zu berichten; immer wieder müssen sie weinen. Die Ausreise ist schon einige Tage her, aber sie können es immer noch nicht fassen. Noch am Abend davor hätten sie mit ihr zusammengesessen. Doch sie habe ihnen kein Wort von ihrem Vorhaben erzählt.

Da sie über Mobiltelefon und Facebook mit ihr noch im Kontakt stehen, hat es auch Vorwürfe gegeben. »Wenn ich es euch erzählt hätte«, antwortet Nihal, »hättet ihr ja sowieso nur versucht, mich zurückzuhalten.« Die drei Freundinnen bedrängen sie, zurückzukommen. Aber Nihal will nicht. Ihr gehe es in Raqqa ganz gut, es sei dort, wo sie jetzt sei, ganz friedlich. Vor dem Haus spielten Kinder. Und außerdem, schreibt sie, wolle sie auch gar nicht zurück. »Wenn ich wieder nach Deutschland komme, werde ich doch sowieso verhaftet.«

Nihal, beteuern die drei Schülerinnen, sei nicht radikal, es gehe nur um ihren Freund, der zum IS wollte und sie überredet habe, ihm zu folgen. Hier frage ich vorsichtig nach, ob es denn keine Anzeichen für Nihals Schritt gegeben habe. »Besonders in letzter Zeit war sie immer so distanziert«, sagt eine ihrer Freundinnen. »Wir haben immer zusammengesessen und geredet, und es ging viel um den Islam.« Aber Nihal habe sich von Anfang an nicht so richtig für diese Themen interessiert, und in der Gemeinde sei sie auch nicht so gut verankert gewesen. »Wir sehen das mit dem Islam nämlich ganz anders als der IS«, fügt die Älteste hinzu. »*Uns* würde der IS auch enthaupten.«

Nachdem Nihal verschwunden war, alarmierten die drei Freundinnen die lokale Polizeiwache. Dort fühlten sie sich nicht richtig ernstgenommen. Selbst als Nihals Eltern auf der Wache erschienen, war es offenbar schwierig, die Beamten von der Dringlichkeit zu überzeugen. Auch die türkischen Behörden erschienen uninteressiert. So verging kostbare Zeit. Dennoch ließ sich rekonstruieren, so die Mädchen, dass Nihal nach Istanbul geflogen war und dort einen stundenlangen Aufenthalt hatte. Dann sei sie nach Gaziantep weitergereist. Im Hotel sei sie von der Überwachungskamera noch aufgenommen worden. IS-Kuriere hätten sie dann in Empfang genommen, ohne dass die türkische Polizei eingeschritten wäre.

Eine Kämpferin

Manchmal besuche ich Schulen zur Beratung über den Fall einer jungen Person, die ich dabei selber gar nicht kennenlerne. Dafür gibt es gute Gründe – denn Lehrkräfte oder Leitungen brauchen oft einfach diskreten Rat. Ein solches Gespräch regt immer die Phantasie an, abgesehen davon, dass es die Fähigkeiten sprachlicher Exaktheit und genauen Zuhörens schärft. Ich mache mir ein Bild. Für meine Gesprächspartner ist nie entscheidend, ob es haargenau stimmt, sondern ob sie mit meinem anschließenden Rat etwas anfangen können.

Diesmal geht es um ein Mädchen aus tschetschenisch-deutscher Ehe. Fatima hat zahlreiche Geschwister und ist neu an der Schule. Sie musste ihre bisherige Schule verlassen, weil sich eine »dicke Schülerakte« angesammelt hatte und weil sie zuletzt einen Klassenkameraden durch den Wurf mit einem gefährlichen Gegenstand verletzt hatte. Ihre neue Schule hat mich bestellt, weil Fatima dadurch auffällt, dass sie Mitschülerinnen auf den Islam anspricht und dabei oft nicht mehr lockerlässt. Schulleitung und Klassenlehrerin befürchten bei der Schülerin eine islamistische Tendenz.

Das Bild, das sich im Gespräch entwickelt, macht mich jedoch skeptisch, inwiefern diese Zuschreibung realistisch ist. Fatima ist offenbar auf der Suche nach Anschluss. Sie ist an ihrer neuen Schule zunächst isoliert. Sie will mit jemandem reden. Außerdem hat sie viel zu erzählen. Sie wirkt deshalb aufdringlich. Aber sie interessiert sich für alles. An der alten Schule hatte sie schlechte Noten, an der neuen wird sie wegen ihrer guten Leistungen von ihren Lehrerinnen geschätzt. Je mehr ich erfahre, desto widersprüchlicher wirkt das Bild. Zum Glück ist die Schulsozialpädagogin bei unserem Gespräch dabei und berichtet. Sie trifft Fatima jede Woche zum Gespräch. Fatima kommt gern, und sie redet. Hier wird vieles offenbar. Mit ihrem Vater liegt sie im Streit über den Islam. Er ist fromm, sie dagegen noch frömmer. Er will nicht, dass sie sich zu auffällig verhüllt. Sie tut es – gerade deshalb. Er hat zwei Frauen, wie die islamische Tradition es erlaubt; mit der Mutter von Fatima ist er regulär verheiratet. Sie steht zwischen den Geschwistern aus beiden Beziehungen, kämpft zwischen allen Fronten. Überall fordert sie den Widerspruch heraus. Und redet und redet.

Die Sozialpädagogin ist – das glaube ich ihrer Darstellung entnehmen zu können – zugewandt und dabei Gesprächsprofi, hört gelassen zu und stellt Fragen, die weiterhelfen. Es geht um Fatimas Zukunftsvision. Sie redet von der Bestimmung der Frau. Sie überschüttet die Pädagogin mit konservativen Argumenten. Von dieser kommt die Frage, ob sich Fatima ihren zukünftigen Mann selber wählen möchte. Fatima überlegt. Dann referiert sie voller Eifer das Elternrecht, den Mann auszusuchen.

Aber die Frage geht ihr weiter im Kopf herum. Irgendwie will die Kämpferin in ihr nicht zur Sklavin passen. In der folgenden Sitzung kommt sie auf das Thema zurück und sagt, im Hinblick auf ihren Vater: »Er wird es nicht schaffen.« Die Sozialpädagogin ist stolz auf ihre Schülerin und glücklich über deren neuen Standpunkt. Er ist die Frucht eines intensiven, kontinuierlichen Dialogs, jede Woche, über Monate, ganz ohne Noten, Arbeitsblätter und Präsentationen.

Was unseren Schulen fehlt, ist Zeit zu einem solchen zwanglosen Dialog mit allen Jugendlichen, die ihn brauchen.

Humor und Zivilität

Ich sitze im Vorgarten einer Kirche auf einer langen Biertischbank, und ein Jude und ein Moslem erzählen Witze über die religiösen Essensvorschriften. Kostprobe: »Steht ein muslimischer Gast bei der Essensausgabe an. Als er dran ist, fragt er die Köchin: ›Ist in der Erbsensuppe Speck?‹ ›Och, das geht‹, sagt sie, ›nur ganz wenig. Die können Sie wirklich essen.‹«

So ging es beim »Dialog auf der Baustelle« zu, wo die evangelische Kirche in Hamburg-Horn sich ganz überzeugt dafür stark macht, dass ihre Kapernaum-Kirche in eine Moschee verwandelt wird. Eine Kreidezeichnung im Inneren skizziert das zukünftige Aussehen. Von außen soll die Kirche so bleiben, wie sie ist; von innen wird sie umgebaut. Die US-Generalkonsulin spricht ermunternde Worte zum Projekt.

Beim Essen ist es leichter, Witze zu machen, als beim Beten. Wenn man miteinander isst, erzählt man sich etwas Persönliches. Ich verrate hier nicht, wer da erzählt hat. Ich sage nur: Es waren zwei hohe Funktionäre der beiden Religionsgemeinschaften. Mit einem emeritierten evangelischen Pastor im Zwiegespräch bringt mich das auf die wohltuende Rolle des Humors. In Abwandlung einer alten Spruchweisheit könnte man sagen: Wo man Witze macht, da lass dich ruhig nieder/Fundamentalisten lachen einmal und nie wieder. Den jungen Radikalen, mit denen ich in den letzten Monaten spreche, ist eines gemeinsam: Sie sind todernst.

Als Liebhaber der Ideologiekritik beobachte ich gespannt, wie der religiöse Radikalismus das Gesicht der Religion verändert. Und da entdecke ich dann, in der kleinen Broschüre »Religionen: Wege zum Frieden«, die mir von der Hauptkirche St. Michaelis zugesandt wurde, ein bemerkenswertes Eingeständnis:

> »Religionen halten die großen Friedensvisionen der Menschheit lebendig. Zugleich ist jeder Religion ein alleiniger Wahrheitsanspruch immanent, der Kriege und Feindbilder legitimiert. Insbesondere zwischen der westlich

geprägten Welt und dem Islam verfestigen sich heute Feindbilder, mit denen religiöse, politische und kulturelle Dominanzansprüche durchgesetzt werden. Diese Feindbilder zu identifizieren, ist das übergeordnete Ziel des Projektes ›Wege zum Frieden‹.«

So realistisch sind also die Initiatoren, dass sie den Gedanken wagen, ob es ein geistiges Band zwischen Religion und Krieg gibt, dem man – auch als Religionsgemeinschaft – entgegenwirken muss. Prävention als Mission. Dabei wollen wir anderen, die es eher mit dem unheiligen Descartes halten, gern helfen: De omnibus dubitandum – zweifle an allem. Denn wie blutrünstig sich entfesselte religiöse Dogmen austoben können, das macht uns der IS gerade vor.

Die Reflexivität, die im Humor bezogen auf die eigene Religion liegt, ist offenbar ein Zivilisiertheits-Indikator.

II

Fallbeispiele

Religiöse Kleidung im Sportunterricht

Eine Gruppe von Mittelstufenschülerinnen im Alter von 15 und 16 Jahren wendet sich an ihre Sportlehrerin: Sie wollen auch im Sportunterricht eine Abaya – ein knöchellanges Kleidungsstück – tragen. Da ihnen damit nicht mehr die Teilnahme am Geräteturnen möglich ist, schlagen sie der Sportlehrerin vor, zum Ausgleich für nicht nachweisbare Leistungen andere sinnvolle, unterrichtsflankierende Tätigkeiten zu übernehmen – wie z. B. das Führen von Punkte-Listen.

Aufgaben

- Beurteilen Sie die Situation in schulrechtlicher Hinsicht!
- Skizzieren Sie auf dieser Grundlage pädagogische Handlungsmöglichkeiten und wägen Sie deren Vor- und Nachteile ab!

Gesichtsverhüllung

Sava ist das Kind eines bosnisch-deutschen Ehepaares. Sie ist eine gute Schülerin, die viel liest und in die Oberstufe versetzt wurde. Anfang des Jahres konvertiert sie zum Islam. Ein paar Monate später zerbricht ihre Freundschaft mit einem Klassenkameraden. Nach den Sommerferien erscheint sie im Niqab – einem Kleidungsstück, das nur noch einen Sehschlitz für die Augen freilässt – in der Schule. Die Schulleitung lädt sie zum Gespräch, und sie begründet ihre Gesichtsverhüllung mit ihrer neuen Religion sowie damit, dass sie sich derzeit unterm Niqab einfach wohler fühle.

Aufgaben

- Erläutern Sie die Rechtslage!
- Stellen Sie dar, wie der Schulleiter sie dem Mädchen erklären soll!
- Welche Empfehlung geben Sie dem Schulleiter für die Fallbearbeitung im Kreis der pädagogisch Zuständigen?

Musizieren und Tanzen in der Grundschule

Herr M. kommt in die Schule und wird bei der Klassenlehrerin seiner Tochter mit einem Anliegen vorstellig. Er möchte nicht, dass seine Tochter Sunay an den Geburtstagsfeiern in der Klasse teilnimmt.

Sie dürfe nicht singen und tanzen. Er begründet dies mit den Grundsätzen seines islamischen Glaubens.

Aufgaben

- Welche Reaktion empfehlen Sie der Lehrerin?
- In welcher Weise sollte die Schulleitung sie unterstützen?
- Welche schulrechtliche Handhabe besteht für den Fall, dass der Konflikt schulintern nicht gelöst werden kann?

Muslime und Muslime

An einer Grundschule verbieten strenggläubige muslimische Eltern ihren Kindern, sich am gemeinsamen Tanz und Spiel in der Klasse zu beteiligen, und versuchen, andere muslimische Eltern zu überzeugen, sich dieser Haltung anzuschließen. Im Elternrat der Schule äußert ein liberaler muslimischer Vater sein Unbehagen über diese Einflussnahme und warnt die Schulleitung davor, dass sich bei den nichtsalafistischen Muslimen inzwischen Sorgen über die Zukunft ihrer Kinder in diesem Stadtteil bemerkbar machten. Man denke sogar daran, die Schule zu wechseln oder wegzuziehen.

Aufgabe

Entwerfen Sie ein Programm für eine pädagogische Ganztageskonferenz, mit der die Situation zum Anlass für eine strategische Beratung genommen wird!

Die Hölle

In der Grundschulklasse von Frau K. lernen sich zwei Mädchen kennen, die beide eine türkische Migrationsgeschichte mitbringen. Während Merves Eltern einen eher modernen Lebensstil pflegen, sind Hülyas Eltern strenggläubig. Sie hält die anderen Mädchen, deren Eltern aus einer muslimischen Tradition kommen, dazu an, die Regeln zu befolgen, die ihr selber auferlegt sind. Merve ist verunsichert. Eines Tages kommt sie zu ihrer Lehrerin und berichtet, Hülya habe ihr gesagt, wenn sie kein Kopftuch trage, werde sie in die Hölle kommen.

Aufgaben

- Wie soll die Lehrerin mit dem Fall umgehen?
- Welche Rechte und Interessen muss sie im Auge haben?
- In welcher Weise muss (a) die Klasse, (b) die Klassenelternschaft miteinbezogen werden?
- Wie kann die Schulleitung die Lehrerin unterstützen?

Esra ist immer so still

Studienrat Lempel unterrichtet in den gesellschaftswissenschaftlichen Fächern eine neunte Klasse, die er schon seit über zwei Jahren unterrichtet und daher gut kennt. Die Jugendlichen waren von Anfang an lebhaft und diskussionsfreudig.

Seit einiger Zeit bemerkt Herr Lempel, dass sich einige Schülerinnen an Diskussionen um heiße gesellschaftspolitische Streitfragen, bei denen es um Freiheit und Emanzipation geht, nicht mehr beteiligen. Auch glaubt er eine Gruppenbildung mit Wortführerschaften festzustellen. Besonders deutlich tritt dies zutage, sobald es um Religion geht.

Im kollegialen Jahrgangsteam wirft er die Frage auf, ob er mit der ganzen Klasse über das Phänomen sprechen soll.

Aufgaben

- Was würden Sie als Teammitglied ihrem Kollegen Lempel raten?
- Wie kann die Schule mit solch einer Entwicklung umgehen?
- Welche Kompetenzen und Instrumente werden gebraucht, um diese Herausforderung zu meistern?

Du als Türke

Schüler Murat hat zu Hause mal wieder eine heftige Diskussion über seinen Wunsch, die deutsche Staatsangehörigkeit anzunehmen. Sein Vater befürchtet, Murat könne sich seiner kulturellen und nationalen Herkunft entfremden.

In der Schulstunde geht es am folgenden Tage um einen Vergleich zwischen Erziehungsstilen. Ein Schüler stellt die Behauptung auf, dass »die« Türken ihre Kinder viel strenger erzögen. Der Lehrer sammelt noch einige weitere Wortmeldungen und wendet sich dann an Murat mit den Worten: »Murat, du bist doch Türke, sag doch mal, wie das bei euch ist.«

Aufgaben

- Inwiefern ist das Verhalten des Lehrers problematisch? Beurteilen Sie die Situation aus pädagogisch-psychologischer Sicht!
- Experten warnen, dass sich bei den Nachkommen von Einwanderern eine »Selbstethnisierung« entwickeln kann. Inwiefern trägt das Verhalten des Lehrers dazu bei?

- Stellen Sie für das zu wünschende Lehrerverhalten stichwortartig ein paar Regeln auf!

Was wir essen

Auf dem Elternabend geht es um die erste Gruppenreise. Ein wichtiger Diskussionspunkt ist dabei, ob es Essen gibt, das auch die muslimischen Kinder essen dürfen. Die Erzieherin schlägt vor, dass alle auf Schweinefleisch verzichten. Es geht dann auch um die Frage, ob den Kindern Produkte angeboten werden, in denen Schweinefleisch verarbeitet ist. Die Diskussion wird hitziger. Nun meldet sich eine Mutter mit polnischem Migrationshintergrund und erklärt, sie bestehe darauf, dass es für ihr Kind auch Schwein gebe. Sie sei Katholikin und sehe nicht ein, dass ihr Kind sich fremden Regeln unterwerfe. Außerdem esse es gern Schweinefleisch und sei von zu Hause daran gewöhnt.

Aufgaben

- Welche Möglichkeiten für eine Konfliktlösung sehen Sie für die Erzieherin?
- Welche Konsequenzen würden Sie für die Elternarbeit der Einrichtung aus diesem Konflikt ziehen?

Meinungsäußerung oder Propaganda?

Ein paar Wochen nach dem Attentat auf die französischen Karikaturisten am 7.1.2015 ergreift ein volljähriger Auszubildender im Deutschunterricht das Wort und rechtfertigt den Terroranschlag mit der »Beleidigung des Propheten«. Das Thema der Stunde ist die Methode der Interpretation in der darstellenden Kunst, jedoch nur so allgemein, dass die Intervention sich von daher nicht begründen lässt. Die Lehrerin erstattet dem Schulleiter Meldung. Er lässt sich den jungen Mann zum Gespräch kommen. Dieser besteht auf seinem Standpunkt und dem Recht, ihn vorzutragen. Daraufhin suspendiert ihn der Schulleiter für den Tag vom Schulbesuch und überstellt ihn dem Ausbildungsbetrieb. Da die vorzeitige Überstellung ungewöhnlich ist, informiert der Schulleiter den Ausbildungsleiter über die Gründe.

Aufgaben

- Diskutieren Sie, inwiefern der Schulleiter aus Ihrer Sicht korrekt gehandelt hat! Berücksichtigen Sie dabei die rechtliche Grundlage, auf der er handeln muss.
- Verständigen Sie sich mit den Mitgliedern Ihrer Arbeitsgruppe darüber, wo im Unterricht die Grenze zwischen Meinungsäußerung und Propaganda bzw. strafbarer Handlung liegt!
- Erläutern Sie, welche Rechtsquellen zu Rate gezogen werden müssen!

Tragisches Ende

Ein bereits volljähriger Auszubildender fällt an seiner beruflichen Schule dadurch auf, dass er sein Äußeres verändert (Bartwuchs, langes Gewand) und seine Mitschüler für den Islam zu gewinnen versucht. Auch im Unterricht bringt er das Gespräch oft auf religiöse Fragen. Dem Klassenlehrer kommt über einen Mitschüler zu Ohren, dass der Auszubildende in seiner Freizeit mit Gleichaltrigen an Kampfsportübungen und paramilitärischen Trainings teilnimmt. Der

Lehrer behält diese Information für sich, weil er Gerüchten keinen Glauben schenken will.

Monate nach seinem Schulabschluss sieht der Lehrer ein Foto seines Schülers in der Zeitung. Er liest, dass der junge Mann nach Syrien gegangen und dort als Mitglied einer islamistischen Kampfgruppe ums Leben gekommen ist.

Aufgaben

- Hat der Klassenlehrer sich korrekt verhalten?
- Wie würde Ihre Schule/Einrichtung mit der beschriebenen Information über die Kampfsportübungen umgehen?
- Welche rechtlichen Klarstellungen seitens vorgesetzter Stellen wünschen Sie sich für den Umgang mit solchen Fällen?

Der junge Krieger

Ein Lehrer bekommt von einem Schüler der sechsten Klasse die Information, dass ein zwölfjähriger Mitschüler auf Facebook als IS-Kämpfer posiert und zum »Heiligen Krieg« aufruft. Der Lehrer ruft die Facebook-Seite auf und findet den Hinweis bestätigt.

Aufgaben

- Inwiefern befindet sich der Lehrer in einem Dilemma?
- Was ist aus Ihrer Sicht rechtlich geboten, was pädagogisch sinnvoll?
- Welche Vorschläge machen Sie Ihrer Schule, mit solchen Situationen zukünftig umzugehen?

Emanzipationshindernis

An einer Erzieherfachschule beschweren sich mehrere Auszubildende darüber, dass sich in ihrem Jahrgang einige junge Frauen ausdrücklich gegen die Gleichberechtigung der Frau äußerten. Mit solch einer Position sollten sie, so die Beschwerdeführerinnen, in einer Kita nicht arbeiten dürfen, weil alle Kinder ein Recht darauf hätten, im Sinne der Gleichberechtigung erzogen zu werden. An die Schulleitung richten sie daher die Frage, ob sie diesen Auszubildenden einen erfolgreichen Abschluss bescheinigen wolle. Damit würde ihnen ja der Weg in die Berufspraxis geebnet.

Aufgaben

- Wie soll die Schulleitung sich verhalten, wenn sie zu dem Ergebnis kommt, dass die vorgetragenen Bedenken berechtigt sind?
- Welche pädagogischen, welche rechtlichen Handlungsspielräume stehen zur Verfügung?
- Brauchen wir in Deutschland eine neue Diskussion über Verfassungsfeinde im öffentlichen Dienst?

III

Werkzeuge

Umgang mit Islamismus und konfrontativer Religionsbekundung

Dieser Arbeitsbogen dient der kollegialen Verständigung in der pädagogischen Praxis. Ändern Sie die Liste der Verhaltensmuster (Spalte 2) nach Bedarf. Im Team und auf Konferenzen kann der Bogen der Sensibilisierung und dem Erfahrungsaustausch dienen (Sp. 3). Ihre Einrichtung kann sich ein Bild davon machen, wie aktiv und wie wirksam sie sich mit bedenklichen Verhaltensformen und Strukturen auseinandersetzt und wie grundrechtsklar sie handelt (Sp. 4). Sie kann sich ihrer Verantwortung bewusst werden, Expertise zu besorgen und zuständige Stellen einzuschalten, wo Schulrecht oder Strafrecht berührt sind (Sp. 5).

Nr.	In meiner Jugendgruppe/Lerngruppe kommt es vor, dass ...	Ich reagiere darauf, indem ich ...	Meine Einrichtung sorgt dafür, dass ...	Wir melden die Vorkommnisse und holen uns externen Rat bei ...
1	Mitglieder sich nach Religionszugehörigkeit bewerten			
2	religiöse Vorbehalte gegen Regeln des gemeinsamen Lernens und Lebens erhoben werden			
3	Geschlechter religiös diskriminiert werden			
4	andere Religionen oder Menschen ohne Religion herabgewürdigt werden			
5	Sonderrechte für Angehörige einer Religion gefordert werden			
6	Mitglieder in der Gruppe andere Mitglieder missionieren			
7	Mitglieder unter Druck gesetzt werden, sich religiös zu kleiden			
8	Mitglieder einem religiös gefärbten Mobbing ausgesetzt sind			

Nr.	In meiner Jugendgruppe/Lerngruppe kommt es vor, dass ...	Ich reagiere darauf, indem ich ...	Meine Einrichtung sorgt dafür, dass ...	Wir melden die Vorkommnisse und holen uns externen Rat bei ...
9	Mitglieder einem religiösen Kollektivzwang unterworfen werden			
10	Menschenrechte und Demokratie in Frage gestellt werden			
11	für extremistische Positionen Partei ergriffen wird			
12	für den Beitritt zu extremistischen Gruppen geworben wird			

Strategiebausteine für Schulleitungen

Nr.	Ziele	Herausforderungen	Probleme und Risiken	Realisierungswege	Instrumente
1	Leitungsgruppen sensibilisieren	Erreichbarkeit Wachheit Problembewusstsein Interventionsbereitschaft	Imageschutzreflex: Verdrängung von Problemen	Schulleiter-Dienstbesprechungen	Basisinformation durch Fachvortrag
2	Schule klärt ihre Lage	Hilfreiches Wissen aggregieren	Informationsmangel bei SL Mangelnde Kommunikation	Jahrgangsteams analysieren die Lage	Vorangestellte Checkliste einsetzen
3	Pädagogische Sensibilisierung und Handlungsfähigkeit	Konsens über Umgang mit Verhaltensmustern	Verharmlosung Dramatisierung Ungleichbehandlung	Pädagogische Jahreskonferenzen	Erfahrungsaustausch Falldiskussion Dilemma-Erörterung
4	Prävention von islamist. Menschenrechts- und Demokratiefeindlichkeit	Politisch-historische Bildung für alle; Diskurs- und Konfliktfähigkeit	Verstrickung in Religionsauslegung	Fachcurricula ergänzen Fachfortbildung durch Sicherheitsexperten	Basisinformation Hintergrundinfos Trainings

Strategiebausteine für Schulleitungen

Nr.	Ziele	Herausforderungen	Probleme und Risiken	Realisierungswege	Instrumente
5	Grundrechtsklarheit und Rechtssicherheit	Verfassungsgüter-Abwägung und Einzelfallanalyse	Recht statt Pädagogik Verletzung von Schülerrechten	Sozial- und Rechtserziehung in der Lehrerbildung	SchiLF »Vielfalt«-Ratgeber HH Rechtsberatung
6	Melderoutinen	Vorfalls-Typen definieren Interventionsmuster	Fließende Übergänge	Ministerielle Rahmenvorgabe	Rundschreiben der Schulämter
7	Demokratiepädagogische Praxis ausbauen	Gelebte, inkludierende Schul-Demokratie	Formaldemokratische Selbstgenügsamkeit	Demokratische Handlungskompetenzen stärken	Klassenrat usw. Anti-Diskriminierungs-Standards
8	Schülerschaft in Prävention einbeziehen	Diskurs über Strategie + Taktik des Islamismus Engagement für Demokratie Konfliktbereitschaft	Lagerbildung Politische Aufladung Spannungen	Geschichte, Politik und Strategie des Islamismus als Unterrichtsthema	Radikalisierungs-Biographien studieren Demokratische Foren
9	Anpassung des Leitbilds an die neuen Herausforderungen	Wertebasierte Regelaufstellung mit der Schulgemeinschaft	Vorsorgewunsch für jede Eventualität	Demokratietage Schulparlament Bilanzkonferenzen	Projekt »Wie wollen wir zusammen leben?«
10	Präventives Elternengagement	Schulübergreifende Zusammenarbeit	Exklusion von Teilen der Elternschaft	Eltern-Gremien als Mobilisatoren	Regionaltreffen mit Forumsfunktion

Problemstellungen und Lösungswege

Problemtyp	Ausprägung	Folge/Risiko	Lösungsweg	Umsetzung
Unterstützung einer terroristischen Vereinigung im Ausland (StGB § 129)	Ausreise zur Teilnahme am Bürgerkrieg Spendensammlungen	Selbstgefährdung; Anstiftung zu Straftaten	Polizeilichen Staatsschutz oder Verfassungsschutz einschalten/Gefahrenabwehr	Leitungsaufgabe Alarmplan Melderoutinen
Verstoß gegen ein Vereinigungsverbot (StGB § 85)	Unterstützung z. B. der Hizb ut-Tahrir	Radikalisierung, Rekrutierung	Hausrecht anwenden; Normenverdeutlichung Disziplinarmaßnahmen	Leitungsaufgabe Handlungskatalog
Anstiftung zu Straftaten (StGB §§ 111, 130 a) Menschenrechts- und Demokratiefeindlichkeit	Verbreitung von IS-Kampfaufrufen und -Propaganda	Schädliche Einflussnahme auf Mitschüler; Förderung demokratiefeindlicher Einstellungen	Hausrecht Zivilcourage und demokratische Abwehrbereitschaft Kritischer Diskurs in der ganzen Schule	Leitungsaufgabe Maßnahmenplan Präventives Curriculum
Sektenförmige Selbstorganisation	»Koran-Lesekreise« »Samstag-Nacht-Seminare«	Abschottung und Indoktrination	Päd. Ansprache Elterngespräche Klassenkonferenz	Klassenlehrkräfte Beratungskräfte Externe Fachleute

Problemstellungen und Lösungswege

Problemtyp	Ausprägung	Folge/Risiko	Lösungsweg	Umsetzung
Religiöse Missionierung	Mitschüler/innen werden »bearbeitet« und geworben	Beeinträchtigung der negativen Religionsfreiheit Störung des Schulfriedens	Konflikt mit betroffenen Schülern bearbeiten Leitbild-Ergänzung Regeldiskurs	Pädagogisch-präventives Konzept Regelbekräftigung
Gruppenzwang	Unterwerfung unter Kleidungs- und Ess-Norm	Nötigung/Trauma/ Beeinträchtigung der Persönlichkeitsentwicklung	Päd. Intervention Klassenrat Unterrichtsthema Schulforen Elterngespräche Sanktionen	Leitungsteam entwirft Aktionsplan und Tagungskonzept
Mobbing, Diskriminierung von Nicht- und Andersgläubigen	Eingriffe in Lebensstil Einschüchterung	Nötigung/Trauma/ Beeinträchtigung der Persönlichkeitsentwicklung	Päd. Intervention Klassenrat Stärkung zur Selbsthilfe Normendurchsetzung	Beratungslehrkräfte Klassenlehrkräfte Religionslehrkräfte
Gesichtsverhüllung	Niqab, Burka	Beeinträchtigung der Kommunikation, der Sicherheit	Ausschluss vom Schulbesuch	Leitung und Schulamt treffen Entscheidung
Beteiligungsverweigerung	Schulfahrtenboykott Ablehnung von Aufgaben oder Fächern	Nachteile für Schulabschluss	Normenverdeutlichung Elterngespräche Sanktionen	Leitung unterstützt pädagogische Entscheidungen

113

III Werkzeuge

Problemtyp	Ausprägung	Folge/Risiko	Lösungsweg	Umsetzung
Unterrichtsstörung durch religiösen Radikalismus	Konfrontative Religionsbekundung	Belastung des Gruppenklimas Verletzung von Diskursregeln	Lehrertraining Anti-Bias-Programme	Religionslehrkräfte Konzept zur Konfliktbearbeitung
Religiöse Intoleranz und Ungleichwertigkeitsideologien	Konfliktlagen in Unterricht und Schulleben	Infragestellung des friedlichen Umgangs in der Diversität	Schulinternes Curriculum aktualisieren	Didaktische Leitung Fachschaften

Wilfried Schubarth
Christina Gruhne
Birgitta Zylla

Werte machen Schule
Lernen für eine offene Gesellschaft

2017. 208 Seiten
Kart. € 29,–
ISBN 978-3-17-028743-3

Brennpunkt Schule

Gemeinsam geteilte Werte sind die Grundlagen für den Zusammenhalt einer Gesellschaft. Angesichts von Wertewandel und zunehmendem Wertepluralismus steigen die Anforderungen an Werteerziehung und Wertebildung der heranwachsenden Generation. Dabei kommt der Institution Schule zentrale Bedeutung zu. Doch es herrscht eine gewisse Verunsicherung hinsichtlich pädagogisch angemessener Methoden und Wege der Wertebildung unter der Lehrer- und auch Elternschaft gegenüber. Das Buch schließt diese Lücke. Es stellt die begrifflich-theoretischen und empirischen Grundlagen dar und diskutiert bewährte Konzepte und Good-practice-Beispiele. Empfehlungen für die schulische Wertebildung in einer pluralistischen Gesellschaft runden das Buch ab.

Leseproben und weitere Informationen unter www.kohlhammer.de

W. Kohlhammer GmbH
70549 Stuttgart

Beate Martin
Jörg Nitschke

Sexuelle Bildung in der Schule
Themenorientierte Einführung und Methoden

2017. 204 Seiten
Kart. € 28,–
ISBN 978-3-17-032471-8

auch als EBOOK

Brennpunkt Schule

Sexualerziehung ist ein eigenständiges Fachgebiet innerhalb schulischer Gesamterziehung; sexuelle Bildung zu organisieren zählt zum schulischen Bildungsauftrag. Dabei geht es zunächst um Informationsvermittlung über körperliche Vorgänge. Sexualerziehung ist darüber hinaus aber immer auch Sozialerziehung. Der Bildungsauftrag der Schule zielt dabei letztlich auf die Förderung und Befähigung zur sexuellen Selbstbestimmung. Das Buch gibt eine kleine Einführung in die Sexualpädagogik in der Schule, wobei vor allem die Rolle des Lehrers thematisiert wird. Es liefert didaktisch-methodisches Grundwissen dafür, wie im Unterricht mit diesem Thema umgegangen werden kann und wie entsprechende Unterrichtseinheiten gestaltet werden. Ein Schwerpunkt wird auf die Medienkompetenz gelegt, ohne die heute Sexualerziehung und -aufklärung nicht mehr denkbar sind.

Leseproben und weitere Informationen unter www.kohlhammer.de

W. Kohlhammer GmbH
70549 Stuttgart